SONHOS,
DESAFIOS e
EXPECTATIVAS

SONHOS, DESAFIOS e EXPECTATIVAS
José Jacyr Leal Junior

Revisão
Maria Ofélia da Costa

Projeto Gráfico/Capa/Diagramação
José Jacyr Leal Junior

Impressão/Acabamento
Digitop Gráfica Editora

Esta obra não pode ser reproduzida, no todo ou em parte, qualquer que seja o modo utilizado, incluindo fotocópia ou xerocópia, sem prévia autorização do autor. Qualquer transgressão à Lei dos Direitos Autorais estará sujeita às sanções legais.

sarvier

Sarvier Editora de Livros Médicos Ltda.
Rua Rita Joana de Sousa, nº 138 – Campo Belo
CEP 04601-060 – São Paulo – Brasil
Telefone (11) 5093-6966
sarvier@sarvier.com.br
www.sarvier.com.br

Dados Internacionais de Catalogação na Publicação (CIP)
(Câmara Brasileira do Livro, SP, Brasil)

Leal Junior, José Jacyr
   Sonhos, desafios e expectativas / José Jacyr Leal Junior. -- 1. ed. -- São Paulo : Sarvier Editora, 2021.

   ISBN 978-65-5686-018-3

   1. Autoajuda 2. Autoconhecimento 3. Autorrealização 4. Consciência 5. Escolha (Psicologia) 6. Mudança de vida I. Título.

21-63621 CDD-158.1

Índices para catálogo sistemático:
1. Escolhas : Mudança de vida : Psicologia aplicada   158.1
Maria Alice Ferreira - Bibliotecária - CRB-8/7964

Sarvier, 1ª edição, 2021

SONHOS, DESAFIOS e EXPECTATIVAS

JOSÉ JACYR LEAL JUNIOR

Médico, Especialista em Ginecologia, Obstetrícia e Ultrassonografia. Nascido em 08 de maio de 1960, brasileiro, natural de Curitiba – PR. Médico do Corpo Clínico Hospital Santa Cruz e Santa Brígida. Diretor Médico do Centro de Avaliação Fetal Batel SS Ltda. Presidente do Instituto Jacyr Leal e FRAT.ER BRASIL Ltda. Idealizador do Programa SUPERCONSCIÊNCIA/FAMÍLIA DO FUTURO. Criador do Método Prático MEDICINA CONATIVA.

sarvier

AGRADECIMENTO

Agradecimento é um momento muito especial em um livro, hora de lembrar e reconhecer as pessoas importantes na vida de um autor.

É aqui que se deseja agradecer à família, geralmente esposa, marido, aos pais, enfim a todos aqueles que, mesmo sem saber, fazem parte da alma de um livro e, de certo modo, cada um deles ajudou muito a escrevê-lo porque são todos fontes da inspiração e poesia, da escrita e da esperança. Estão todos presentes em cada letra, em cada intenção.

Portanto, agradeço minha amada esposa e companheira Claudia, que me eleva todos os dias por lugares que nem mesmo sabe ou imagina, afinal, é para ela que dedico cada desejo, esforço e plena vontade.

Agradeço a minha filha Gabriella, hoje ainda pequenininha, que com tantos "barulhos" na casa me faz sempre lembrar levantar dessa cadeira onde estou e brincar um pouco com ela. Importantíssimo arejar a mente e conseguir depois, descansado e feliz, escrever ainda mais e melhor.

Agradeço a meus pais, presentes em cada célula do meu corpo, mesmo que ausentes da vida, uma distância que inexiste quando sabemos que somos fundamento de cada um deles, em amor e fantasia.

Agradeço a todos que passaram por mim, quer seja de raspão em uma praça ou rua, sem mesmo me verem, quer sejam amigos de tantos lugares em cada importante fase da vida, muitos que não encontro mais, mas "sabem" da importância na construção da história de todos nós.

Por fim, agradeço você leitor, que coloca esperança no que aqui irá encontrar. Dedico a você todo o meu esforço..

O Autor

Sumário

EPÍGRAFE 9

PREFÁCIO 11

INTRODUÇÃO 15

Capítulo **I**
ACREDITAR 26

Capítulo **II**
IMPOSSÍVEL NÃO SONHAR 36

Capítulo **III**
ALGUMAS QUESTÕES PRIMEIRAS 47

Capítulo **IV**
REATIVANDO SONHOS 52

Capítulo **V**
OBSTÁCULOS OU DESAFIOS? 57

Capítulo **VI**
CRENÇA E INTERPRETAÇÃO DA CRENÇA 70

Capítulo **VII**
PENSE BEM, PENSE MELHOR, PENSE MAIS 75

Capítulo **VIII**
O MEDO A SER ENFRENTADO 82

Capítulo **IX**
SEMPRE HAVERÁ UM TRAMPOLIM 86

Capítulo **X**
SONHOS, PROFISSÃO E FAMÍLIA.................................... 90

Capítulo **XI**
SONHOS PARA UMA VIDA PROFISSIONAL...................... 98

Capítulo **XII**
SONHOS PARA UMA VIDA FAMILIAR 113

Capítulo **XIII**
PLANO DE AÇÃO 117

Capítulo **XIV**
O QUE VOCÊ NÃO AGUENTA MAIS?................................ 125

Capítulo **XV**
QUEM MAIS INSPIRA VOCÊ? 131

Capítulo **XVI**
O QUE É SUCESSO? 137

Capítulo **XVII**
PASSADO, PRESENTE E FUTURO 145

Capítulo **XVIII**
UM CÉREBRO EM AÇÃO 149

Capítulo **XIX**
ARMADILHAS DA DISMATURIDADE.................................. 155

EPÍLOGO 161

BIBLIOGRAFIA 169

BREVE CURRÍCULO 171

Epígrafe

"*A sorte só favorece mentes bem preparadas*".

Louis Pasteur

"*Vou me tornar o melhor, obterei sucesso e alcançarei riqueza, paz e felicidade..., 'mas, em troca disso', ...darei o melhor da minha capacidade, qualidade e entusiasmo*"

Bruce Lee

"*Educação não é apenas transferir conhecimento, é aprender a se tornar um cidadão do mundo, trabalhar efetivamente com os outros, como pares, como um time, é emergir dos estudos com forte e robusta filosofia de vida*".

Jim Yong Kim
Médico
Presidente do Banco Mundial

PREFÁCIO

O convite para escrever o prefácio de um livro é uma das grandes honras que se pode receber. E uma responsabilidade. No entanto, é gratificante poder avaliar e comentar um trabalho tão nobre quanto esta obra sobre sonhos. Uma ferramenta para transformar vidas.

O título não poderia ser melhor. A união das palavras "sonhos, desafios e expectativas" já demonstra a intenção do autor em declarar que sonhos existem sim, porém, sempre geram grandes desafios a serem encarados e, sim, produzem grandes expectativas..., e resultados.

Muitas noites sem dormir podem acontecer por despreparo, angústia, ansiedade, porém, também podem e devem ser pela alegria de imaginar, não apenas o sonho realizado, mas a gigante e gratificante batalha para chegar até ele, o "imaginado" se tornar concreto. "Qual o próximo passo"? "O que encontrarei amanhã em meu caminho para o sucesso"?

O autor foi muito feliz em diversos pontos levantados ao longo do livro. Você passará por todos eles e sentirá a mesma emoção que senti e, provavelmente, o autor viveu ao escrevê-los. Esses aspectos conseguem provocar o leitor a criar e encarar os próprios desafios, provando com exemplos as muitas possibilidades, utilizando conceitos reais e demonstrando, mesmo que por meio de uma fábula, como a de uma simpática tartaruga que um dia permitiu a si mesma viver um desafio. Você irá se encantar com essa e outras histórias reais da vida do próprio autor.

Os obstáculos que derrubam tantas pessoas, Jacyr coloca cada um no lugar certo, mostrando um caminho repleto de possibilidades, surpresas e transformações. Transformar principalmente a maneira de pensar e encarar problemas.

É verdade, desafios podem nos derrubar, porém, uma visão positiva e equilibrada sobre as dificuldades mostra as saídas que infalivelmente estarão sempre por perto. Na verdade, como afirma o autor, desafios nos levantam.

12 SONHOS, DESAFIOS E EXPECTATIVAS

Um dos maiores sonhos que carregamos desde a infância e juventude é a formação de uma família. Neste ponto o autor, com a própria experiência de vida, oferece outros livros, palestras, diversos textos com conteúdos sempre profundos, exclusivos e sofisticados. Contudo, as estratégias são as mesmas. Sonhar, desafiar, esperar, amar. Sonhar ainda mais, e..., agir. Colocar em prática o que sonha e deseja. Ação é movimento, criação e oportunidades.

Verdade! Sem ação, atitude, sem um grande acreditar, não existem boas escolhas. E aqui o autor propõe valores maiores que considera muito ao longo de todo o livro: acreditar, compreender, dar novos significados e, desse modo, fazer novas escolhas.

Esses valores funcionam como um mantra com potencialidade terapêutica, a ser posto em prática em qualquer situação, por mais difícil que seja o problema a enfrentar. Fixe-se nele e encontrará magia (e saídas).

As sacadas neurais que o autor apresenta em um momento muito especial mostra que há no universo uma gigante verdade. Fomos feitos para dar certo. O infinito não teria sido tão criativo para que hoje nós não funcionássemos direito. Deus foi generoso com nossa criação. Somos um grande projeto. Especial desafio da natureza.

A construção evolutiva do nosso cérebro é espetacular. Quanto mais a medicina estuda nossos caminhos neurais, mais encantamento. Essas verdadeiras estradas de energia em nosso cérebro são as que permitem a vida como conhecemos, os sonhos a serem realizados e a felicidade. Tudo. Falta apenas aprender a pavimentar tais estradas e manter caminhos e direções bem iluminados. Uma das propostas deste livro e de todo o Programa SUPERCONSCIÊNCIA/FAMÍLIA DO FUTURO.

Muitos mestres já souberam percorrer esses trajetos cerebrais e foram capazes de enxergar o fio condutor que eleva nossos pensamentos em direção ao futuro. Nosso sistema nervoso não se iniciou com tais mestres (ou com a gente), percorreu milhões de anos de construção de sabedoria para colocar bem aí em sua cabeça, leitor, a capacidade de sentir, sonhar e realizar. Sabe o que falta, apenas? Este grande livro é a ferramenta perfeita que irá te contar. Em detalhes, em amor.

Aliás, amor é o que não falta ao autor. O nível de sensibilidade que ele alcança é enorme. Uma sensatez gigante. E não digo isso pela

PREFÁCIO **13**

relação tão próxima que tenho com o criador desta obra. Mas, por toda integridade reconhecida nele, por muita gente, em tantos escritos que ele publica, hoje, muito nas mídias sociais. Sempre com a intenção de ajudar a todos a serem mais felizes. Seu próprio sonho colocado em prática.

Sim! O autor coloca os próprios SONHOS, DESAFIOS E EXPEC-TATIVAS em ação todos os dias, a toda hora. Este livro não é apenas teoria. Jacyr é uma tremenda fonte de produção e criatividade. Um verdadeiro "pensador".

Contudo, não se considera filósofo, nem possui tal formação, apesar de grande estudioso, ele pensa. Pensa grande, pensa mais, pensa antes, pensa leve, como costuma instigar a todos nós: "Pense bem".

Também sonhei muito na vida. Realizei muitos deles. Venci dentro das minhas possibilidades. Talvez até um pouco mais do que imaginei, a princípio. Cresci e descobri que quanto mais caminhamos, procurando ser correto, a vida oferece as oportunidades. Superei dificuldades, contornei desafios, lutei, cresci e venci expectativas. Não todas. Mas, fui até o fim em cada possível. Como toca o autor, também venci alguns impossíveis.

Exerci da melhor maneira que pude a profissão que escolhi, a medicina, assim como a paternidade, o casamento, as muitas e gratificantes amizades. Envelheci. Perdi algumas "coisas" pelo caminho. Ou deixei. Ganhei outras. Perdi minha filha amada, algo inimaginável para um pai. Porém, soube compreender a vida ao longo de todo o caminho. Gratifica ver todos os filhos crescerem, sonharem, realizarem.

O autor desta obra é meu filho. A mim ele fez o convite para escrever este prefácio. Ele ainda não sabe que o fiz. Descobrirá no momento certo. Aliás, um dos meus grandes erros na vida, coisas da minha história, muito senti, pouco declarei. Ainda consigo ver boa parte de mim mesmo em tantas dessas letras, há "coisas" da genética aqui, contudo, enxergo também o "guri" que vive no Jacyr, em cada parágrafo, em todos os capítulos, até o final. E posso afirmar, lembrando de todo o passado. Valeu à pena. Acredite, sempre vale à pena.

Aproveite ao máximo este livro. Aliás, o faça com todo Programa SUPERCONSCIÊNCIA/FAMÍLIA DO FUTURO. Estude, pratique, sonhe. O esforço é o verdadeiro caminho. Levantar, andar, correr riscos (calculados), saber errar e depois, por que não, acertar. Isso é viver.

A boa vida é a arte de colocar em prática tudo o que se aprende desde o primeiro dia. Aquele dia que é sempre a realização dos sonhos dos pais.

E você, autor, você é um dos meus maiores sonhos ainda se realizando. Parabéns. E obrigado por me fazer sentir que você se fez verdade.

Obrigado por me permitir conhecer seu livro.

José Jacyr Leal
Nada suspeito
Pai do autor

Introdução

Quem **Não** quer "ser" feliz?

Parece uma pergunta tola, infantil, feita de maneira negativa, frágil, afinal todos nós queremos ser felizes, conquistar sucesso e vencer na vida. E sempre existe um caminho a ser buscado, encontrado, trabalhado e construído para cada um de nós. Como se fosse um destino certo, mas que depende quase totalmente das nossas escolhas.

Também desejamos que os outros, as pessoas que conhecemos e amamos, "se deem bem", sorriam e sintam em si mesmas que tudo vale a pena. Aliás, sou um daqueles que passa por algum desconhecido na rua e deseja "tudo de bom", "seja feliz", "vai com Deus", mesmo sem verbalizar. E se retornar com o olhar e alguma simpatia ainda ganha um belo bom-dia, boa-tarde, boa-noite...

Propositadamente, a pergunta foi colocada de modo negativo, "Quem **Não** quer ser feliz", com a finalidade de chamar a atenção ao fato que geralmente muitos de nós nos tornamos, em boa medida e por diversos motivos, negativos, pessimistas e, por isso, algumas vezes chegamos ao fim do dia fatigados, estressados..., desacreditados por nós mesmos.

Dia após dia, ano após ano..., e quando nos aproximamos do término de nosso tempo na terra, quando sentimos que a morte desponta no horizonte, vemo-nos, por causa dessa crônica, equivocada e penosa maneira de pensar, frustrados, entregues, arrasados.

A vida, em cada dia da nossa existência, é apoiada na maneira como enxergamos o mundo; como aprendemos a percebê-lo; como o preconceituamos; como nos posicionamos para alcançar o que necessitamos; como amamos; como não amamos; e, principalmente, como damos significados e cores a tudo o que nos rodeia, surge, acompanha e acontece em nossa história.

Como vivemos?

- Como?

16   SONHOS, DESAFIOS E EXPECTATIVAS

- Longe de ser redundante, o "como" aqui tem sentido de reforço, intensidade, um soco! Afinal, será que desejamos de fato ser felizes?

- Será que lutamos como alguns dizem, "a boa luta"?

- Será que pensamos da melhor maneira?

- E "falando" em pensar, o que nos passa na mente?

- Será que controlamos o que surge em nossa cabeça?

- Qual a influência dos pensamentos em nosso presente e futuro?

- Também existem pessoas, próximas ou não, que nos inspiram?

- Essa inspiração é para o bem ou para o mal?

- Será que não consigo ser forte para eu mesmo escolher?

- Importa saber quem são essas pessoas?

- Por que elas nos inspiram?

- Essa inspiração está nela ou em nós?

- Em que momento essas pessoas nos tocam a alma?

Confuso, verdade? Foi proposital e vou formular aquela questão primeira, de outro modo, sem o **Não**, em um "jeitão" mais, digamos, benigno, agora de modo positivo:

- Você quer ser feliz?

- Pode responder, eu espero:

- ... ... sim!

Melhore isso...

- **SIM**!

Vamos rever "essas forças" até o final do livro.

Desejamos e esperamos ardente e sinceramente pela felicidade?

- Por que frequentemente temos tantos problemas nessa área?

- Por que essa pergunta precisa ser formulada se sabemos que a resposta é sim, acreditamos que sim, todos, ansiamos por felicidade. Se lutamos de fato por ela, por que não somos (muito) mais felizes e, quando finalmente aparece, por que logo nos escapa?

- Será que a felicidade é um ser selvagem de difícil manejo, controle e adestramento? Um animal solitário que vive preso e angustiado dentro de nós, carente de atenção, cuidado e amor, mais do que somos capazes de oferecer?

Chega de perguntas. Vamos às...

Felicidade é, pois, de fato, um bicho esquisito, volátil, fugaz, assim como a agonia do amor, na canção de Vinícius de Moraes, a felicidade também, "vem de noite e vai de dia", isto é, foge escorregadia, passando por entre os dedos, logo que a encontramos.

Sim, é verdade! Felicidade existe. Não é lenda, mito, etérea ou diabólica, não é criada propositadamente para atormentar a humanidade por ser inalcançável ou mentira, não é forjada para impulsionar a venda de antidepressivos e ansiolíticos ou, quem sabe, Ferraris.

Contudo, quero mostrar neste livro que há uma gigantesca ilusão, um enorme engano que ronda nossas vidas e nos devora todos os dias.

Para alcançarmos a felicidade curiosamente não é ela que devemos perseguir; dominar, alimentar e adestrar. Não deve ser ela meta ou objetivo.

Confuso?

- Não fique! É até algo muito simples.

Sabe a felicidade que sentimos ao comprar o que queremos?

Ela, geralmente desaparece, assim que surgem os primeiros problemas, as primeiras dúvidas (ou dívidas), os primeiros tropeços.

Viver dessa maneira, com altos e baixos tão frágeis, não parece ser uma boa definição para felicidade. Talvez caiba melhor o termo alegria. Horas boas e alegres, horas tristes e ruins, horas... "sei lá o que".

Sim. Felicidade nunca será permanente, mas, a expectativa sobre ela, a busca que praticamos pode muito ser melhorada em relação a um estado emocional, menos instável, mais constante, bom e perene.

A princípio, eu pretendia contar para você essa mudança na visão necessária a essas expectativas de "felicidade", apenas mais adiante, em outro capítulo, e faria isso para que você chegasse aos poucos até ela. Para compreendê-la melhor e, num conceito de paz e tranquilidade, ressignificar a palavra felicidade, conceituá-la de outra maneira.

> **IMPORTA RESSIGNIFICAR A FELICIDADE E CONCEITUÁ-LA DE OUTRA MANEIRA**

Porém, resolvi expor logo esse meu pensamento, devido à importância colocada sobre o tema. Para que você aproveite "agora".

Desde já vá saboreando, aos poucos, digerindo essas ideias, com uma nova interpretação em mente, página após página, e, à medida

SONHOS, DESAFIOS E EXPECTATIVAS

que os conceitos forem se aprofundando, você irá fixando cada um e guardará no coração apenas o que é realmente importante para a vida.

A palavra-chave é: contentamento.

Escrevi em caixa baixa, sem **negrito**, *itálico* ou outro modo de valorizá-la artificialmente, pois ela já possui muito valor intrínseco, isto é, há riqueza nela mesma (e em você), bastando para nós aceitá-la.

Contentamento.

Para sermos felizes de maneira mais duradoura, além do conceito de contentamento, sabendo que significa estarmos "satisfeitos" com o que nos cerca, há mais algumas "coisas" que devemos conhecer antes de seguirmos caminho na vida, até que chegue o dia..., da partida.

"Dificuldades" é uma delas. Uma palavra linda quando verdadeiramente compreendemos os reais significados e propósitos.

Para muitos, as "dificuldades" pertencem a um grupo de realidades dispensáveis que devem ser sempre evitadas devido ao fato de não serem fáceis de aceitar, encarar, resolver.

Dá muito medo, às vezes.

Contudo, elas precisam ser reconhecidas, respeitadas e trabalhadas. Nada de serem dispensadas. São instrumentos importantes para o sucesso, devo dizer..., fundamentais na construção de sonhos e realidades e, muitas vezes, limites que direcionam nosso caminho.

Dificuldades seriam apenas "coisas" ruins?

Judith Viorst, psicóloga, norte-americana, autora do maravilhoso livro "Perdas Necessárias", apresenta nessa obra, uma a uma, cada perda que vivemos, desde o nascimento até o último suspiro que encerra nossa existência, e a importância de todas essas perdas e frustrações na formação do caráter e personalidade, caminho na construção da maturidade.

Comece a entender agora a importância das dificuldades. No entanto, discordo dela em um ponto. Não creio que vivemos com perdas. Todos os dias nós "sobrevivemos a trocas".

O que cito aqui não é crítica ao livro de J. Viorst, pelo contrário, o livro é magnífico. Quero tão somente chamar a atenção para a importância do equilíbrio entre "perdas necessárias" e "trocas necessárias". Não podemos viver apenas um lado dessa história e, muito menos, ficar presos a um movimento pendular entre elas. Devemos dançar todas as músicas da vida com todos os acordes e movimentos que existem no universo e, definitivamente, é um direito seu conhecê-los, adquiri-los, ter a honra de trabalhar com eles.

Afinal, o que é arrebentar a corda de um violino durante uma grande apresentação?

- Para-se a música, troca-se a corda, agradece ao público e segue o espetáculo (da vida). Não se perde nada. Ganham-se maturidade e amor. Talvez até um elogio da crítica pela postura e atitudes tomadas para sanar o "erro" factível a qualquer apresentação. Vamos aprender a não sofrer?

Então, me conte! Quantas vezes arrebenta uma corda do nosso coração bem no meio do espetáculo da paixão e do amor?

- Encaro como perda ou trocas e aprendizado?

- Sim! Dói, eu sei. Mas, tudo o que possuímos está constantemente submetido a provas e trocas pela vida. Perde-se algo porque abrem-se inúmeras oportunidades para aprendermos a nos tornar ainda maiores, perde-se para ganhar um futuro diferente, nem melhor, pior, ou melhor ou pior. Enfim, assim são as trocas.

Gratidão é outro fundamento que devemos experimentar e praticar todos os dias, pela graça de poder escolher e interpretar as infinitas melodias com todos os tons, semitons, por todas as coisas que acontecem, pelo bem..., e até pelo que seja aparentemente por mal.

Gratidão é uma palavra que você deve escrever em um pedaço de papel e deixar em pé, ao seu lado na cama, sobre a sua mesinha de cabeceira, para ser lida todos os dias, assim que você abrir os olhos, ou antes de fechá-los à noite. Ou essas letras escritas em um quadro, uma gravura ou pintura..., talvez.

Leia e pense na palavra gratidão, faça então uma pequena oração, sorria, levante-se assim para a vida e sinta o resultado desse hábito ao longo do tempo.

Todos esses assuntos fazem também parte do tema espiritualidade, outro livro, palestra... do Programa SUPERCONSCIÊNCIA/FAMÍLIA DO FUTURO. É aqui que compreenderemos mais sobre perdas, gratidão, amor..., quando nos posicionamos melhor para enxergar neles algo maior para a vida. Mas, por hora, vamos ficar assim.

20 SONHOS, DESAFIOS E EXPECTATIVAS

Claro que existem problemas, complicações, dores importantes. Não devemos, nem podemos ser tolos, não precisamos ignorar dilemas. É preciso evitá-los e para isso precisamos estar atentos, preparados para eles, prontos para percebê-los, recebê-los e superá-los, um a um.

Então, onde residem as dificuldades, os obstáculos e problemas..., existe "falta de sorte"?

- Falta de sorte..., ou "lições necessárias" e eu preso na ilusão não compreendo bem os motores e meandros da vida?

"Deus escreve certo por linhas tortas" ou eu é que enxergo tudo torto no que está certo? Pense! Talvez "Trocas Necessárias" ou "Lições Necessárias" fossem títulos melhores para o livro daquela autora.

Falta de sorte..., ou incoerência, uma tremenda cegueira na vida, para o Universo e para Deus? Falta de sorte..., ou "coisas" acontecem para que a gente dê mais atenção, enxertando ainda mais força ao nosso inconsciente?

- Não tenho pretensão com este livro de oferecer todas as respostas, afinal..., não as possuo, nem ao menos domino, já que, também, estou em "processo de construção" e ninguém carrega consigo um mapa mostrando as saídas. Contudo, vamos juntos passar por várias questões importantes sobre essa temática.

As observações contidas neste livro serão suficientes para aproveitarmos bem a vida; o caminho com a leitura e as propostas apresentadas permitirão nos posicionarmos melhor na eterna busca para encontrarmos significados maiores; força suficiente que nos impulsione à frente, para o alto, com satisfação apropriada, prazer digno, significativo e maravilhoso, direito de cada ser humano neste planeta.

Quando decidi escrever "SONHOS, DESAFIOS E EXPECTATIVAS" foi porque conheci diversas pessoas que lutam muito, diariamente, para se tornarem aptas e produtivas; eficientes, capazes, mesmo assim, ainda falham, e sofrem por muito tempo.

Encontrei pelo caminho, gente triste, sem reconhecimento, apesar, de todo esforço que aplicavam nas metas, objetivos, não poucas portando enorme capacidade profissional, intelectual até emocional, todavia, perdidas em um mundo próprio, desorganizado, ilusório, às vezes caótico, construindo histórias complexas, ansiosas, geralmente insensatas, pelo bem e pelo mal.

Muitos produzem e realizam coisas fantásticas, mas, não são capazes de perceber valor no que produzem, no modo como agem, na maneira maravilhosa que cuidam das responsabilidades, nem mesmo dos resultados que alcançam para si mesmos e para os outros e, cronicamente, sofrem dia após dia, noites sem dormir, em uma angústia que parece não ter fim. O mundo está confuso para muita gente. Vivemos embarcados em uma grande Ilusão.

VIVEMOS EMBARCADOS EM UMA GRANDE ILUSÃO

O que acontece em nossa mente na formação dos pensamentos e na escolha dos aparentes desejos?

- O que influencia as emoções e quais sentimentos exteriorizamos em atitudes ou na falta delas?

- Por que perdemos oportunidades?

- Por que não as enxergamos, apesar de muitas vezes estarem bem ao nosso lado, à disposição?

- Dizem que oportunidade é um cavalo maravilhoso que passa encilhado e galopando bem próximo da gente, ao alcance das mãos. Cabe a nós estarmos atentos a ele, a aproximação, velocidade, beleza, e então tomarmos a atitude de saltar sobre o que nos levará ao nosso destino, agarrar com firmeza as rédeas da esperança, com forte comando do coração pela própria mente.

Quem somos nós, seres biológicos capazes de escolher quais serão as atitudes, desejos, metas, necessidades e expectativas?

- Essa escolha é consciente ou..., inconsciente?

- Estaremos talvez sabotando a nossa felicidade?

- Como lidamos com os obstáculos que estarão sempre presentes, bloqueando o caminho dos nossos sonhos, mas também sempre magníficos estágios que valorizam esforços e vitórias?

- O que são obstáculos?

- Eles são dificuldades que fecham portas, apenas pelo prazer do "mal" e com poder suficiente para nos fazer chorar de tristeza... ou seriam fatores que acabam por hipertrofiar nossos músculos mentais e emocionais, tão necessários para pularmos de alegria durante o entusiasmado percurso até o dia da vitória?

O "mal que vivemos" pode ser apenas o meio utilizado por Deus para nos fazer reagir, crescer e vencer. Somos fruto das mãos de um fantástico escultor que nos forja com cinzel e malho.

Um mal maior pode ser tão somente o nosso EU afastado desse mesmo Deus "construtor" do universo, da vida e de todos nós.

Quais são os elementos facilitadores para os sonhos que também fazem parte e são importantes nessa equação trabalhada até a vitória?

- Quais são as regras desse jogo da vida?

- Estou preparado para aprender as leis que irão me conduzir e acompanhar até o destino?

- Qual será o destino?

- Como saber sobre um caminho?

- Devo agir de que maneira se nem "penso em pensar" um destino, se tenho medo de pensar nele, se fui "ensinado" a ter medo?

- Por que temos medo?

- Que regras..., existem..., normas, leis?

- Sim!

Como alguém quer "se dar bem" sem conhecer, respeitar as regras da vida, os múltiplos caminhos e as infinitas possibilidades?

- A mente é capaz de construir ou destruir caminhos nesse Universo maravilhoso, ainda pouco conhecido por nós, porém, poderoso para sem nem mesmo você pedir, "ser capaz de reparar e curar um corte profundo no corpo, cicatrizar, porque obedece a fortes regras universais, da eterna intenção do amor". Imperativo do amor.

A cicatriz deixada não seria uma ancoragem com maravilhoso significado? Um lembrete, para que não cometamos o mesmo erro ou nem passemos mais perto dele?

"Fomos feitos para dar certo" e temos à mão, ao nosso lado, todos os instrumentais eternos da vida para "utilizar".

No entanto, como "se dar bem" nesse contexto bem humano se muitas vezes nem sabemos o que queremos, o que fazer, para onde ir?

- Em quais áreas da vida precisamos melhorar, mudar, sair da dor, encontrar a paixão vivencial, desenhar o destino de um ponto de partida até um ponto de chegada?

- E que tal olhar melhor para sua vida e se tornar capaz de enxergar que já está ótimo onde está, com quem está e com o que possui e não precisa mudar, trocar, sair e ir embora. Muitas vezes, por imaturidade ou apenas distração, não valorizamos as vitórias que já conquistamos. O ótimo decanta com o tempo, descolore, apaga, e cria outra ilusão de que o outro, o próximo, o distante é melhor do que o aqui e agora.

- Verdade, temos muita coisa para "conversar" neste livro.

Contudo, tentarei ser breve, sucinto, afinal, o objetivo é chegar lá, não escrever um compêndio perfeito e completo sobre Universo.

Eu nem saberia como fazer isso.

Chegar lá, ou..., aproveitar o caminho o hoje, o agora?

Mas, chegar aonde, mesmo?

- Precisamos sim de direção, ordem, afeto, no entanto, resta saber se estaremos contentes, aonde e quando lá... chegarmos.

Lembra da diferença entre contentamento e felicidade?

Use e abuse dessa sabedoria. Jó – o personagem do livro mais antigo da Bíblia, "O Livro de Jó" no Antigo Testamento – Ele demorou um tempo grande para entender isso.

Talvez, lá na frente, nos aproximemos cada vez mais da conclusão de que a felicidade – o contentamento – é estar exatamente onde você está agora, hoje, não amanhã. Ser feliz hoje!

Sim, hoje, inspirando vidas, ajudando muitas pessoas a seguirem caminhos de paz, contemplação e harmonia, sem a pressa louca da ansiedade, do equívoco, da ilusão e da loucura.

Cumprimente, nem que seja apenas com um sorriso, qualquer um que passar por você, em todo lugar onde você estiver, para que seu caminho e o dele seja sempre sagrado.

Estradas de "equilíbrio", encantamento, aquela aceitação saudável quando sentimos ter alcançado o destino naquilo que está reservado para cada um de nós, e no que nos for permitido mexer, acrescentar, tirar.

SONHOS, DESAFIOS E EXPECTATIVAS. Possibilidades que nos são franqueadas para vivermos nossos dias e vidas livres e ativos, para tomarmos parte das escolhas que construímos, destruímos, aceitamos, não aceitamos, amamos.

Contudo, você escolhe o modo como quer participar da vida.

Acredite, você é quem decide.

Mesmo que não alcancemos o futuro escolhido, tão desejado, mas procurarmos aprender a aceitar e conviver com o que nos for entregue pelo caminho e, como presente ao final, terá valido muito a pena.

No final de tudo, não é o futuro que importa, mas o presente. Esse presente que encontraremos lá adiante..., a qualquer tempo.

Precisamos aproveitar a abertura para a ação e o modelo de força que oferece ao menos direção, como antes frisei, talvez assim você esteja certo de que tomou a decisão correta.

Decidir é verbo – ação e movimento – que carrega uma imensa energia e é uma "realidade" importante da vida.

Vamos aprender mais sabendo que podemos e devemos escolher uma opção..., temos esse direito.

Faça você também, decida, aconteça.

Estou ansioso para aplaudir em pé, ao você passar por mim como um raio, no caminho do seu Sonho, "montado" no cavalo encilhado pela oportunidade, tendo às mãos mapas, lápis e muitos papéis rabiscados de esperanças, sorrindo e já feliz, por participar "de fato" da vida.

E lá vai você pensando: Metas; Metas; Metas... eh eh!

Um caminho real com um fabuloso trajeto lapidado na cabeça, coração ardente e contente, satisfeito, com qualquer que seja o lugar que a vida possa levar seu propósito.

Surpresas boas de Deus.

Construção de Sonhos – Construção de Realidades.

Este livro é inspirado em uma palestra minha que tem o mesmo nome "Sonhos, Desafios e Expectativas". Cada palestra que criei ganhou um livro, cada tema um destino. Todos para somar SUPER-CONSCIÊNCIA/FAMÍLIA DO FUTURO. Hoje é este que cabe a você "devorar".

O objetivo dele não é ensinar receitas passo a passo, apesar que há alguns momentos assim, mas instigá-lo a levantar e caminhar, quem sabe por uma nova trilha, provocar em você novos pensamentos, movimentos, fazer você se mexer, tirá-lo do lugar para que se entusiasme ao montar um belíssimo cavalo, um gigante presente de Deus para você.

Eu montei o meu.

Foi presente de Deus para mim.

Para seguirmos juntos. Sou um grande egoísta.

Porque de nada adiantará chegar sozinho a um destino.

Quero você comigo.

Capítulo I

ACREDITAR

Sempre começo este tema com a frase:

> **SOMOS O RESULTADO DE TODO PLANEJAMENTO E DEDICAÇÃO QUE "PERMITIMOS" INVESTIR EM NÓS MESMOS, ATÉ HOJE**

Se pretendemos pensar, viver, criar e atuar em estratégias que promovam a dinâmica da existência a um ponto melhor do que estamos agora precisamos nos conscientizar do que somos hoje.

Somos um RESULTADO.

Do quê?

- De todas as ações e omissões, enfim, decisões que tivemos desde o berço (ou até antes), passando em cada dia que acordamos, escolhemos ou não dormir um pouquinho mais, quando e como levantar, tomar café da manhã, o que tomar, não tomar..., sair, não sair; estudar não estudar; trabalhar, não trabalhar... Afinal, tudo.

O quanto nos dedicamos a planejar o que fazer ou não fazer, até colocar ou não em prática nossas "vontades"?

- Escrevemos nossa história com escolhas.

- Fomos e somos exatamente o possível a cada momento vivido.

Você pode afirmar que poderia ter se dedicado mais, amado mais, viajado mais..., no entanto, não o fez. Você foi e é exatamente o limite possível, capaz de atuar. E assim "somos" todas as pessoas da terra.

Preste atenção. Todos nós não escapamos de um dia termos pensado algo assim:

- "Ah! Meu pai poderia ter feito algo a mais... (por mim ou...)"

- "Ah! Minha mãe poderia ter agido diferente... (comigo ou...)"

Meu professor, minha babá, meu amigo, meu tio...

Contudo, todos foram e fizeram exatamente o que poderiam naquele momento. Quer seja o bem, quer seja o mal – este tema é para depois.

Pensar dessa maneira irá ajudar a termos mais tolerância com cada um que passou e ainda passará por nossa vida, com cada marca que deixaram e "sempre" deixam em nós.

Pensar desse modo também irá ajudar a ter mais tolerância com VOCÊ mesmo! Sim, aquele sujeito bacana que você enfrenta todos os dias no espelho do quarto, banheiro, elevador, *hall* do prédio, retrovisor do carro, reflexos nos vidros, poça d'água na rua... não há como escapar de olhar para você mesmo. E isso é bom.

Mas, se afirmo que somos sempre o possível, por que este livro? Se tudo é tão determinado assim, por que se preocupar com um tema tão árduo e, por vezes, complicado para se colocar em prática como lutar por um sonho?

- Para que possamos nos organizar e nos esforçar para sermos um "possível" pouco melhor, cada vez melhor, maior, e não deixarmos eternamente "a vida nos levar".

- Para um dia gostarmos ainda mais "do possível" deixado para trás, a cada dia, cada hora, cada escolha... e vivermos "melhores possíveis".

Todos merecemos viver muito bem em muitas áreas da vida. Aliás, temos o dever de crescer, evoluir, AMADURECER. Ter um controle maior é a chave para o sucesso. E esse sucesso que nunca será total.

Contudo, há muitos momentos em nossa história nos quais podemos e devemos ampliar a gama de possibilidades para a vida. Os limites eternos deixamos com Deus para serem superados. Os esforços reais, Deus deixa com a gente.

Daí, o "investir em nós mesmos" passa a ter uma conotação gigante, ponto fundamental deste livro e de todo o Programa SUPERCONSCIÊNCIA/FAMÍLIA DO FUTURO, assim como a premissa valorizada neste capítulo: o acreditar.

Vamos juntos ativar sonhos desde um desbloqueio a uma ação dirigida, pensada, calculada e verdadeira.

Essa frase parte do princípio de que, de fato, há algum bloqueio em permanente ação sobre nossa vida, porque são muitas as forças,

28 SONHOS, DESAFIOS E EXPECTATIVAS

conscientes ou não, que interferem nas escolhas que fazemos. Daí a importância em pensarmos dessa maneira, de ficarmos atentos às negações e atropelos do caminho.

"SONHOS, DESAFIOS E EXPECTATIVAS".

Responda para mim:

- Importa ter sonhos?

- Sim, importa, porque são eles que nos tiram do lugar comum para que possamos seguir adiante com nossa evolução na Terra e no universo.

- Importa ser desafiado?

- Sim, porque quando nos distraímos sempre é bom ter um anjo que nos faça lembrar do nosso destino na sociedade.

- Importa ter expectativas?

- Sim, porque elas são as metas visíveis, na imaginação e no papel, que quando realizadas comprovam que estamos na direção correta. Quando não, redirecionam nosso sorriso, trabalho e esperança.

Preciso agora fazer mais uma pergunta para refletirmos sobre três possibilidades de resposta:

> **COMO ESTÃO SEUS SONHOS E ESPERANÇAS, HOJE?**

1. Parados, porque você se convenceu que é difícil, impossível.

2. Em andamento, mas sem planejamento, contando com a sorte.

3. Você tem um projeto real em mãos sendo aplicado.

Não responda de modo rápido qual delas é sua realidade e perceba o cérebro primitivo imediatamente se defendendo, tentando "encurtar" caminho, sem perceber que você pode estar se auto prejudicando.

Pense um pouco mais, seja franco, e faça um forte rabisco sobre sua resposta em uma das três opções acima. Mas, faça a lápis, para logo apagar, corrigir, realinhar a vida, a mente, o dia, a esperança, a alegria.

Então saiba:

- A maioria das pessoas na Terra, alguns estudos mostram 73% das pessoas, está "parada", sem sonho algum. E isso é muito ruim para o corpo e para a alma. No máximo invejam e desejam um cargo um pouco melhor "na firma", uma viagem "qualquer" e..., só.

- Vinte e seis por cento das pessoas têm um projeto em andamento, fruto de um sonho, mas..., sem nenhum planejamento e contando com a sorte.

- Apenas 1% tem um projeto real nas mãos sendo aplicado. Eles são pássaros e flores, são sonhos de Deus em andamento.

> **HÁ UMA DETERMINAÇÃO NA NATUREZA QUE NINGUÉM FIQUE PARADO**

Eu e você já estivemos com a imensa maioria, já pulamos para os 26%, meio atrapalhados, e agora merecemos "ampliar" a turma do 1%. Esse é o maior objetivo deste livro, ajudar você nessa caminhada.

Assim, antes que você respire mais uma vez, lá vai outra pergunta muito importante, mas difícil de ser encarada:

> **QUEM ESTÁ NO COMANDO DA SUA VIDA?**

1. Você?
2. Os outros?
3. A rotina?

- Se a resposta for VOCÊ, acredite que sim, nossas escolhas são importantes mesmo que saibamos não viver em uma pacata ilha paradisíaca, existem dificuldades e nossos papéis e prioridades exercem enorme influência nesse processo de escolhas, forçando o erro, muitas vezes. No entanto, mesmo assim, você tem muito controle, digamos, o suficiente para assumir as próprias tomadas de decisões e estratégias.

- Se a resposta for A ROTINA, é porque sonhos são colocados de lado, postos para "dormir" intencionalmente ou não, graças a uma carga de tarefas que exige tanta atenção que aos poucos não nos damos conta que estamos vivendo uma vida, a qual, na verdade, não desejávamos. No trabalho, em casa, na rua... passamos, muitas vezes, a deixar nossos desejos de lado em função de outras atividades e distrações que não nossos projetos. Esquecemos de nós mesmos.

- Se a resposta for OS OUTROS, eu pergunto:
- Alguém fez você esquecer seus sonhos?
- Não esqueceu, mas alguém está fazendo você adiar seus sonhos?

30 SONHOS, DESAFIOS E EXPECTATIVAS

- Claro que algumas vezes atender um familiar, um amigo, por causa de alguma doença ou outras necessidades importantes, podem nos forçar reduzir velocidade, até mesmo estancar nosso caminho por um tempo ou até mesmo de modo definitivo. Contudo, nunca devemos esquecer nossos sonhos, apenas os deixamos em *stand by*, mas ainda conscientes, vivos, prontos para serem resgatados a qualquer momento.

Nossas prioridades são mutáveis e podemos viver prioridades dos outros tantas vezes quanto necessário. Isso é até bom, saudável e admirável, desde que sempre alertas, sem distrações com nossa vida.

Podemos viver para sempre navegando nas prioridades dos outros, desde que passem a ser conscientemente também nossas. Nossos sonhos, desafios e expectativas.

Ninguém é obrigado a construir e lutar por um sonho exclusivo, só dele, seria até uma exigência danosa, por vezes, egoísta.

Consciência de escolhas e atitudes.

Existem ILUSÕES que nos tiram dos trilhos, maneiras de pensar, desde fora de nós como <u>forças externas aparentemente impeditivas</u>, por exemplo, ilusões na cabeça de um diretor opressor que não permite aos alunos inovarem questionando as regras da escola; ou como ilusões em nossas mentes, <u>forças internas impeditivas</u>, momentos em que não acreditamos poder organizar uma maneira de convencer aquele diretor das nossas "boas ideias".

Existe também a IRREALIDADE quando nossos sonhos de fato são muito além das possibilidades de resolução ou a mudança seria absolutamente desnecessária ou tola, como, por exemplo, seu sonho não é viável e haveria outras soluções. Você quer "mudar sua escola de bairro ou cidade", afinal, acha muito longe? Esquisito, verdade? Surreal.

O fato é que, por essas e outras tantas questões, sonhos são constantemente construídos e destruídos ao longo da vida. Maravilhosa dinâmica com mudanças vivas a cada instante em nosso cérebro e coração.

Porém, dentro desse cérebro e coração mora uma importantíssima qualidade que nunca devemos abandonar: acreditar.

ACREDITAR É O COMEÇO DE TUDO

Algumas reflexões aqui são importantes:

Um jovem sem sonho não vive. Sonho é a alavanca perfeita que nos faz levantar de onde estamos, andar, correr, lutar. É elemento--chave que inunda o cérebro com "hormônios do bem" como endorfinas comunicadoras, testosterona impulsionadora, adrenalina protetora, química que sabe exatamente o que fazer, como buscar, onde encontrar.

"Sonhar é abrir a possibilidade real de vida em ação".

Um idoso sem sonho morre. Apatia progressiva que acompanha a diminuição natural das atividades biológicas e hormonais e conduz cada um de nós, ao final, "descansar" no fundo das cavernas da nossa história, de nossa existência.

Sonhar, portanto, é amiga da vida, fonte de vida..., é eterna.

Um jovem animado, entusiasmado, motivado, CRÊ que vai conquistar tudo. É fundamento inato da juventude que o lança cheio de energia para o mundo. Um adulto *imaturo*, frustrado, ri, ironiza, critica, e às vezes até sabota o jovem. Não quer que ninguém vença onde fracassou.

Já, um adulto *maduro* ajuda, torce e comemora com o jovem. Mesmo não tendo alcançado os próprios sonhos dele, consegue alegria na transferência natural, sequência na vida no outro, no sonho, no amor.

> **VOCÊ PODE TER TUDO O QUE SONHAR**
> **O PRIMEIRO PASSO É ACREDITAR**

Para permanecer acreditando e lutando pela vida, precisamos superar muitas coisas que são por vezes implantadas em nossos pensamentos, mentalidade, refletindo diretamente sobre condutas e, portanto, nos resultados que alcançaremos. Coloque isso na cabeça:

- Sonhar é um direito seu.

Ou será pecado?

- Aqui eu não vou discorrer uma crítica rasa sobre algumas culturas e religiões, principalmente conceitos de medo e impotência. Apenas observações, por vezes necessárias, porque essas influências existem. São padrões mentais implementados para dominação e controle, pelos quais respondemos e reagimos muitas vezes sem questionar.

32 SONHOS, DESAFIOS E EXPECTATIVAS

É terrível para nossa vida se não vigiarmos atentamente nossa cabeça – pensamentos, sentimentos.

Para auxiliar a percepção da existência desses mecanismos automáticos de medo, muitas vezes implantados em nós, desde a infância, de modo subliminar ou até proposital, responda do modo mais verdadeiro possível às seguintes questões:

Acreditar que pode alcançar sucesso te causa alguma espécie de desconforto?

Acha que crescer e vencer não é para pessoas como você?

Você pensa que quem aparentemente obtém sucesso na vida deve ter sido por sorte ou até, talvez, não de maneira lícita?

- Se a resposta foi sim em algumas dessas questões pode ser o principal motivo para não se esforçar tanto, não tomar atitudes, não agir.

"Vai que" alcança vitória, vence na vida..., e aí, o que fazer no topo do mundo se não se sente merecedor?

E se for pecado?

E se as pessoas acharem que eu roubei, menti, trapaceei?

- Melhor "ficar por aqui mesmo".

Vamos então agora a outro ponto importante do "acreditar".

O que ou quem te fez acreditar que não merece?

- Que não tem competência?

- Que não consegue?

- Que não pode ser feliz?

- Geralmente as pessoas que mais amamos, pessoas por demais importantes para nós, são as que muitas vezes impedem, direta ou indiretamente, nosso crescimento, por meio de preconceitos próprios, angústias e dificuldades delas que, sem percebermos, passam a ser nossas.

Medo é hereditário e ensinável – "aprendível" (que horror).

O bisavô tinha medo, o avô tinha medo, o pai tinha medo, e você?

- Apenas se você quiser manter esse padrão ruim e persistir nos mitos familiares, ótimos quando positivos, terríveis quando não.

Pense muito nisso:

- O bisavô tinha diabetes, o avô tinha diabetes, o pai tinha diabetes, a família toda doente..., e você?

- Só se você continuar como eles a manter péssimas escolhas alimentares e quase nenhuma atividade física.

Entendeu, ou quer que desenhe?

Vou desenhar:

- A genética está lá, em todos, em você, em mim. Ativar esses genes é opção. Eu já fui pré-diabético e hipertenso aos 39 anos de idade. Hoje não mais. Optei! Mudei hábitos, minha vida, respeitei a "tendência genética" e ela respondeu à altura. Simples? – Não! Mas este tema está todo ele em "Alimentos, Vida e Saúde" – Programa SUPERCONSCIÊNCIA/FAMÍLIA DO FUTURO.

- Então, retomo o assunto:

Acreditar é o começo de tudo e sonhar, eu diria agora, é mais que um direito seu, é um dever. Uma honra para sua família alguém superar o "destino" (hereditário).

A princípio você com sua luta pela vida pode assustar a todos nesse sistema familiar, afinal, mudança assusta, alguns até se apavoram, mas, depois, todos irão se orgulhar demais daquele que superou e venceu o "destino". A "força" agora está com você. Libertou finalmente o "Imperativo do Amor" e avançou na própria evolução. Deus aplaude sempre que vê um filho se levantar.

Eu acredito em você.

E muito.

Eu acredito em um Deus benigno que admira e torce por você.

Eu acredito que o universo possui uma lógica de amor, expansão e desenvolvimento.

Eu acredito que "você foi feito para dar certo".

E você?

- Quer acreditar em quem?

- Eu estou aqui para fazer você voar, escalar montanhas... Vamos?

QUEM ESTÁ AGORA NO COMANDO DA SUA VIDA?

Uma pequena fábula para encerrar este capítulo:

- Adolfo era uma tartaruga que vivia em um bosque úmido, verde e tranquilo. Morava e descansava ao lado de um pequeno riacho de águas límpidas. Já contava muitos anos de vida quando certo dia imaginou, e passou a nutrir cada vez mais no coração, uma vontade imensa de explorar outros lugares.

34 SONHOS, DESAFIOS E EXPECTATIVAS

Estava por tempo demais naquela rotina limitada, lenta, quando olhou ao longe e enxergou o cume de uma montanha. Linda montanha. Naquele momento, percebeu em si mesmo uma maravilhosa esperança de um dia conhecer tudo aquilo, bem de perto. Foi uma renovação.

Certa manhã, tomou coragem. Colocou-se mentalmente de modo coerente na direção do desejo. Posicionou-se cheio de atitude e partiu naquela direção lá no alto.

Levou toda a tarde para percorrer cerca de "poucos" metros, quando encontrou um rato do mato. Esse olhou para Adolfo, percebeu o rastro no chão, de onde ele vinha, fez uma cara estranha ao ver a mochila nas costas da "tortuga", sem nenhum equipamento de alpinismo e apenas uma banana já parcialmente devorada e guardada cuidadosamente sob a borda do casco. Tornou o rosto na direção da grande montanha, olhou bem para ela, de volta para o "viajante", e exclamou:

"-Vixi! Num vai dá".

Adolfo nem parou, seguia a passos lentos e firmes em direção ao sonho, sem perceber que o rato ficou ali atrás balançando negativamente a cabeça e sorrindo com ares e bocas de ironia e descrença.

Assim como o rato, Adolfo encontrou um punhado de "tipos" pelo caminho, todos falando coisas negativas sobre tal "afronta ao normal": Uma tartaruga querendo subir uma montanha? Ah! Tá!

Até que muito, muito, muito tempo depois, Adolfo..., conseguiu.

Apesar de tantas falas contrárias, tanta zombaria, conselhos para que ele desistisse:

- Que não era normal uma tartaruga escalar uma montanha.

- Que não seria certo.

- Que ele poderia se machucar, se perder, morrer...

Você sabe por que Adolfo conseguiu chegar "ao topo do sonho" que um dia imaginou, alimentou, viveu?

- ...

- ...

- Porque Adolfo era surdo.

Mas, ele "sabia" que merecia, tinha, descobriria ou desenvolveria capacidades e competências ao longo do caminho, conseguiria, podia ser feliz e fazer feliz qualquer um que encontrasse ao longo caminho. Isso é a vida.

E lá estava com ele todos esses pensamentos e muito mais, precisamente no coração e no cérebro do Adolfo. A vida já havia colocado tudo lá. Pouco a pouco, dia após dia, a construção de uma grande mentalidade da qual são responsáveis técnicos: os relacionamentos na família e em toda a comunidade, onde cresceu.

Ele acreditava em si mesmo.

Acreditava no destino.

Ele queria.

Sonhou.

Agiu.

Conseguiu.

Sorriu.

Comemorou.

Deus também.

Capítulo **II**

IMPOSSÍVEL NÃO SONHAR

Quer boas notícias?

- Você é um grande e maravilhoso projeto de vida. Todos nós somos o sucesso de milhões de anos de evolução e "Você foi feito para dar certo". Eu sempre gosto de lembrar você desses pensamentos. São conceitos que vamos explorar melhor em outro livro do Programa SUPERCONSCIÊNCIA/FAMÍLIA DO FUTURO – "Você, Ciência e Espiritualidade" – quando trataremos do tema espiritualidade de modo mais detalhado e vamos trazê-lo para bem próximo da realidade do dia a dia.

Em um assunto tão caro para todo ser humano eu provarei que, claro que de modo retórico, desde o Big Bang ou do "Haja Luz", se preferir, até os dias de hoje ou até o Apocalipse, se assim quiser olhar, que "**VOCÊ** foi planejado, elaborado e construído por Deus, formado pelo Universo e é aguardado pelo destino". Não há como escapar, "você foi feito para dar certo" e carrega em si mesmo a totalidade de Deus.

Somos energia, matéria e propósito de Deus (do Universo, se assim soar mais agradável – você manda em suas crenças).

Então atenção a este ponto que vou declarar.

Acredite:

- Não existe nenhum projeto, ou algo que já seja realidade, sem que tenha sido sonhado antes. Tudo que você conhece alguém um dia sonhou... imaginou, tentou, construiu, testou, acertou, falhou, corrigiu, avançou..., e fez. Assim, olha que legal:

- Alguém um dia, lá atrás, sonhou e ainda hoje sonha por você.

Sim, você também é resultado de um sonho.

Às vezes quando digo isso para uma plateia alguém se manifesta afirmando que não foi desejado, foi até vítima de tentativa de aborto pela mãe, pai, a família e, portanto, ninguém sonhou por ele, ou ela.

- "Ninguém me ama, ninguém me quer", um dos piores padrões mentais que precisa e deve ser imediatamente corrigido, ressignificado. Uma triste crença, uma mentalidade impeditiva de merecimento e crescimento. Pobre ilusão e crônica dor. Desnecessária dor.

E faço uma tentativa de correção afirmando que a mãe "dele", "dela" quando criança sempre sonhou em ter um filho, uma filha. Brincava de boneca e se imaginava acalentando a criança, cuidando, dando banho, colocando para dormir. A menina, depois mãe, cresceu, tornou-se mulher..., e o mundo a fez sofrer muito, demais, a ponto de chegada a hora de ser mãe não encontrar paz no coração e um caminho saudável para se livrar das garras da ilusão, da dor e do medo.

Outros adultos tolos ajudaram a roubar sonhos, a ponto de ela passar a querer destruir, matar, esquecer tudo o que mais desejou, o filho, a filha que um dia tanto amou, em esperança e bondade. Dores desnecessárias, muito presentes em um mundo imaturo.

Lembre-se aqui os principais valores que perseguimos durante todo o Programa SUPERCONSCIÊNCIA/FAMÍLIA DO FUTURO:

- Acreditar: na vida, em Deus, no universo, em si mesmo, no imperativo do amor que quer elevar a cada um, nos fatos da vida como um caminho possível com grandes lições para todos nós.

- Compreender a si mesmo e ao outro, todos nadando em ilusões enquanto experimentam um roteiro com dores e alegrias, noites e dias...

- Ressignificar fatos e histórias, sim, dar novos significados principalmente se acreditou e compreendeu como funcionam erros e acertos.

- Por fim, fazer novas escolhas, a partir de tudo o que aprendeu.

Então, voltando ao tema deste capítulo:

- Alguém acreditou e acredita em você.

Sempre que falo sobre isso me recordo dos nossos avós. A maioria dos avós acredita e torce muito por nós. Eles desejam demais que você "realize e se realize" em muitos sonhos.

Isso também é verdade quanto a nossos pais, porém eles, mais jovens, ainda estão perdidos com tantas tarefas e responsabilidades, muitas inventadas por eles mesmos, por outros ou pela vida, e não tão necessárias, enquanto os avós já atingiram um ponto na própria história que os torna mais capacitados para "olhar" melhor os netos, a

38 SONHOS, DESAFIOS E EXPECTATIVAS

vida que se renova ali, e isso oportuniza a eles repensar a existência e as tolas decisões que um dia tomaram, num passado tão próximo, ainda presente.

Mas, é a chance de eles darem agora novas cores para a vida.

Então, você é resultado direto de muitos sonhos, são muitas gerações de lutas incansáveis até chegar a você aqui, lendo este livro. E agora todos eles desejam e torcem de verdade para que você seja feliz. Você está com o bastão nessa corrida pelo universo. Você é o representante genético direto de milhares de antepassados (de sangue ou não) e estão todos olhando e sorrindo para você, desejando "sorte", que, de certo modo, muitos deles "aparentemente" não tiveram. Tiveram sim, talvez (assim como nós, muitas vezes) só não façam ideia do papel de cada um nos planos de Deus.

Pare um segundo aqui, volte ao início neste capítulo e leia mais uma vez, agora com mais atenção, "pensando" principalmente nas frases que destaquei você, você, você..., cada uma delas. Faça isso, é importante, eu espero. Respire e faça isso com amor, é para você.

Então eu digo mais:

- Você quer sim, e muito, realizar seus sonhos.

Portanto, saiba:

- Todas as sabotagens ocorridas até hoje podem ser superadas e este livro foi escrito para ajudá-lo com seus projetos, sonhos e realizações. Ajudá-lo com a qualidade dos seus próprios pensamentos. Os desvios não apenas podem como devem serem superados.

Acreditar é o começo de tudo, lembra-se?

- Acreditar que pode.

E Deus está sempre sussurrando em seus ouvidos:

- "*Não desista, o melhor ainda está por vir*".

Portanto, vamos a partir de agora resgatar seus sonhos.

- "Que sonhos"? Você pode argumentar.

- Saiba! É impossível não sonhar. Nem tente apostar em uma versão diferente dessa, vai perder.

- "Mas, sou cabeça dura, intransigente"! Você pensa.

Você é, mesmo? É verdade! Não são poucos que dizem esta frase:

- "Estou certo, sempre". Ideia que não permite ninguém crescer.

Pois bem!

Não existe um ser humano sobre a Terra que não sonhe, mesmo quando tenta e insiste não se permitir sonhar. Você não é exceção e lembre-se do que escrevi há pouco:

TUDO O QUE VOCÊ CONHECE ALGUÉM UM DIA SONHOU

Até mesmo este livro que está em suas mãos, um dia eu sonhei realizá-lo, e ele agora está bem aí. Não há mágica, apenas não desisti. Investi, trabalhei, persisti. Foi muito difícil, algumas vezes.

Parei, escrevi, me inspirei, tomei chá, pensei, escrevi um pouco mais, apaguei frases inteiras, dormi, acordei, pensei novamente, re-escrevi algumas partes, realinhei ideias, tomei chá..., terminei, liguei para a editora, enviei, acreditei, esperei... e está aí, ó! Todo o meu sonho, coração e esforço para você ser mais feliz.

Essa roupa que você está vestindo, o automóvel que você usa para ir para todo lugar, tantos restaurantes que já conheceu, parques, hotéis..., um dia alguém sonhou, projetou e construiu, descobriu, cuidou, melhorou.

Enfim, tudo. Se a gente tivesse uma consciência maior sobre o sonho, dedicação e trabalho que as pessoas tiveram para estarem ali à nossa frente, deixaríamos uma gorjeta maior para o garçom, o motorista de táxi ou aplicativo, para a dona da lavanderia, a florista o porteiro do prédio... todos. E olhe que legal, todos deixariam "gorjetas" para você também. Talvez, partes de um grande amor e atenção. Não seria um mundo muito melhor se reconhecêssemos a cada um? Isso é quase um paralelo com o sorrir e cumprimentar desconhecidos nas ruas, todos "amando uns aos outros". Sonho tolo ou SUPERCONSCIÊNCIA"?

Vamos adiante?

- Sonhar é o primeiro passo para uma estratégia bem-sucedida. Se não houver sonho, como fazer, construir, realizar algo que não se pensa?

Cabeça nas nuvens, pés no chão. Sonhe tudo o que você quiser sonhar. Vá longe em pensamento, é possível e é grátis. Porém..., mantenha os pés no chão para não "bater a cabeça no teto..., da casa".

Lembra-se da sua infância? Meu maior sonho de criança era voar como os super-heróis. Esse foi um grande sonho e por muito tempo.

40 SONHOS, DESAFIOS E EXPECTATIVAS

Escreva aqui o seu: _____

Vai! Escreve! Eu espero, mais uma vez. Tente ao menos, é importante lembrar. A emoção reativa a sua luz e a própria energia.

Mas..., voar não é brincadeira e pode ser até muito perigoso, mesmo para um adulto. Eu voava em imaginação, no entanto, pensava muitas vezes como poderia realizar.

Corria sobre um muro com mais de três metros de altura e pulava na casa do vizinho amigo, com uma capa nas costas, emitindo sons de gritos de criança. Telhados, cercas, árvores..., nada escapava. Não consigo entender hoje como "nossos" pais conviviam com isso.

Ou como eu sobrevivi.

E era uma época na qual não existiam capacetes, joelheiras ou cintos de segurança. E lá estavam anjos da guarda, em todo lugar. Eu não via, mas sabia que estavam lá, sempre. Deixei todos eles loucos, muitas vezes. Cheguei a conversar com alguns deles..., mas essa é outra história, para outros livros.

Contudo, às vezes parece que anjos "não funcionam", ou há momentos em que não estão autorizados a funcionar. Propósitos de Deus, da vida, coisas do universo, do destino. Às vezes não entendemos os acidentes e as dores, por vezes é porque não aceitamos (outros caminhos de Deus para cada um de nós).

Há algum tempo houve um incidente triste, porém, de tão insólito, virou piada de mau gosto e muitas brincadeiras maldosas na *internet*. Um padre resolveu encher balões, muitos balões, e pendurado neles lançou-se ao ar em direção ao mar. Nunca mais foi visto. Certamente, excesso de fé, planejamento de menos. Ideias nas nuvens, os pés também!

E os anjos da guarda do padre só balançavam negativamente a cabeça enquanto ele montava a temível geringonça alada.

Acho que não é assim que se voa, dizia um anjo para o outro.

Eu também já afirmei neste livro que é impossível não sonhar.

Então, o melhor escrevo agora, para você "engolir de imediato":

- Sonhe muito, mas planeje mais ainda. Pés sempre no chão.

Mesmo assim... "Não existe sonho impossível".

> **NÃO EXISTE SONHO IMPOSSÍVEL**

Como assim? Há coisas impossíveis de serem realizadas, sim.

Pense comigo:

- Seu sonho é impossível?

- A questão é perguntar imediatamente:

- **"Em que circunstâncias ele seria possível"?**

- Ícaro não era padre, mas a mitologia conta que ele desenhou e construiu maravilhosas asas com uma estrutura capaz de levá-lo até bem alto e com segurança. Ele pensou "no que poderia tornar possível" o sonho dele de voar e usou o material mais adequado que estava ao alcance.

E acertou.

Voou por muito tempo e de modo gracioso como um pássaro.

Estava feliz.

Porém, um detalhe lhe escapou:

- A cera que usou para unir e manter fixa as diversas partes das asas não resistiu quando Ícaro entusiasmado, e não medindo consequências, decidiu subir cada vez mais no grande desejo. Atraído pela luz do Sol, ao aproximar-se demais da nossa estrela maior, não se deu conta de que o calor derreteria a cera, acabando por desmantelar as asas encerrando o sonho, a vida e a vontade de voar por toda eternidade.

O que quero dizer a você com essa história mítica?

- Com planejamento adequado e a tecnologia disponível (ou que um dia poderá se tornar disponível), nenhum sonho é impossível (ou permanecerá impossível para sempre).

Consegue imaginar uma donzela na Alemanha da Idade Média telefonando para a Rainha Vitória, na Inglaterra, para perguntar qual o horário do casamento real, e se apenas será permitido à noiva virgem usar o vestido branco?

Antes do telefone, e outras tecnologias tão comuns hoje, colocava-se o coitado de um mensageiro em cima de um cavalo e esperava-se, às vezes, até meses para ele voltar com uma resposta, caso não morresse no caminho. Até lá nem vestido ou virgindade existiriam mais.

Lembro-me de meu pai, grande médico obstetra, desembarcando de um avião 747 da Pan Am – acredite, gigante empresa de aviação que existiu um dia –, vindo de um Congresso Mundial de Ginecologia em Nova York, trazendo uma "novidade". Chega de copinhos plásticos

42 SONHOS, DESAFIOS E EXPECTATIVAS

(estetoscópio de Pinard) para ouvirem solitários, cada médico, o coração do nenê na barriga das mamães. A novidade era um pequeno aparelho que captava as ondas do coração do feto e amplificava de modo a permitir, pela primeira vez, a todos na sala ouvirem a vida que se desenvolvia ali e estava a caminho. "Tu tum; Tu tum; Tu tum" ...

Fila nos consultórios médicos para "ouvirem a grande notícia" ainda na barriga das mamães, e não havia quem não sorrisse nesse momento. Acredito que era 1969, eu tinha nove anos de idade e ficava sempre imaginando como seria "sentir" aquele som, provavelmente despertando uma imensa curiosidade infantil que anos mais tarde, e com outras influências, transformou-me em médico obstetra, como meu pai.

Mas, essa curiosidade, hoje, é cada dia mais aliviada. O que era um aparelhinho que permitia ouvir os sons do coração, hoje se tornou um poderoso e maravilhoso "aparelhão" que permite, em meu próprio consultório, nitidamente enxergar toda a vida que ali se desenvolve, parte a parte, dedinho a dedinho, como digo, enxergo até a alma do nenê.

Meu pai, em 1969, não imaginou examinar um nenê em imagens 3D, 4D, em movimento, detalhadas, precisas. Mas, alguém sim, imaginou, sonhou, trabalhou e realizou.

Às vezes penso o que nossos filhos verão no futuro?

- O fato é que um dia alguém sonhou, ficou curioso com a vida e inventou maneiras de "matar" essa curiosidade. Curiosidade é o motor de muitos investimentos, como ouvir os sons ou ver as imagens vivas de um bebê ainda no ventre das mães, construir aviões capazes de cruzar oceanos..., todas formas singulares no coração de cada um de nós. Para alguns, sonhar e realizar até chegar às estrelas, como Ícaro.

É impossível não sonhar.

E você, o que irá criar?

- Não existe sonho impossível para realizar, apenas às vezes sim, leva algum tempo, por vezes muito tempo, mas, não impossível.

E se for você que apresentará uma grande novidade para o mundo, agora ou num futuro, próximo ou distante, não importa?

Talvez, você com seu sonho, a humanidade possa descobrir um novo medicamento que traga alívio para quem sofre, uma maneira diferente e espetacular de se comunicar, ou... um modo de chegar a outras estrelas, sem cair ao aproximar-se do Sol. Que tal você trazer para fora da futura mamãe a imagem maravilhosa de um ser humano se desenvolvendo ainda em útero, em um modelo que nos fará chorar, e rir muito, ao mesmo tempo? Por que não?

- Na verdade, a minha vontade de voar, a de Ícaro, os sonhos de cada um..., não são propriamente o ato de "voar" (fazer, acontecer). Mas, sermos reconhecidos e amados. Desejamos "sentir" que somos importantes. Voar por si só deve ser uma sensação gostosa, mas no fundo o que eu queria era ser "super-herói". E todos nós queremos. Não é à toa que filmes de heróis "vendem tanto". E aqui eu preciso contar uma "coisa" bem importante para você: você já é super. Apenas muitas vezes não acreditamos nisso, não conseguimos compreender o amor que "os nossos" têm por nós, desse modo damos significados estranhos para tudo e fazemos escolhas não tão certas como poderíamos e deveríamos.

Há um objetivo claro nos valores do Programa SUPERCONSCIÊNCIA/FAMÍLIA DO FUTURO: colocar ordem em nossa mente. E para tanto seguem exatamente a sequência: acreditar, compreender, ressignificar e fazer novas escolhas. Experimente aos poucos e... depois poderemos "ver" o que acontecerá.

Portanto, o maior impulso da nossa vida e que nos faz sonhar é o amor. Necessidade ordenada para nós pelo universo, por isso chamada de Imperativo do Amor – Insisto, entenda e aceite, é uma ordem de amor. Você nasceu e existe para amar e ser amado. E para buscarmos esses caminhos de amor Deus criou também a curiosidade.

Fato:

UM GRANDE MOTOR PARA HUMANIDADE É A CURIOSIDADE

Eu sempre digo:

- Nunca peça para um filho estudar. Estimule a curiosidade como um presente para ele e observe o que acontece.

E aí?

- Quer ler este livro que agora está em suas mãos até o fim?

- Ou já está derretendo sua cera e... vai cair perto do sol?

Então vejamos:

- Vamos voltar um pouco ao meu voo de infância e ao impossível?

- Pensei em saltar de paraquedas. Interessante, mas, imediatamente alguém surgiu e disse:

- "Saltar de paraquedas, não é voar! Você não voa, cai"!

Sempre tem "um tipo estranho" para contestar você. Talvez testar apenas, provocar, questionar, corrigir, ajudar... será? Sim! Anjos escolhem diversos caminhos para nos ajudar.

- Então você pensa:

- Bem, em parte ele tem razão.

Porém, tudo é uma questão de ponto de vista, afinal você pode sentir-se em voo controlado por infinitos minutos de enorme emoção.

Já é um começo..., voar até o chão. Talvez o que menos importa é se seria voo ou uma queda, mas o que você pensa sobre tudo. Isso sim faz a diferença.

Até que surgiram as quedas dirigidas, não mais apenas com as limitações das cordas dos paraquedas que permitem alguma direção, mas com roupas especiais, como asas. Um show de emocionantes, às vezes fatais, rasantes sobre rochas pontiagudas em grandes encostas. Não há como negar, uma evolução espetacular. Quanto tempo demorará para...

Bem, lembre-se, pés no chão e..., aí sim, cabeça nas estrelas.

Verdade! Pessoas já estão voando com asas e turbinas nas costas!

O fato é que, se ficarmos somente com a cabeça nas nuvens, nunca veremos o grande universo que existe acima delas, cada vez mais acima, ou ao lado, à frente... e, por que não, tantas belas coisas no chão.

Vivemos muitas vezes sem enxergar "um pouco mais adiante".

Passei minha vida, nas temporadas de praia, em um apartamento da família. Havia um braço de pedras que seguia em direção ao mar e dividia a orla em duas. Meu apartamento ficava de frente para o mar, no pedaço menor, final da praia, separado do outro trecho maior de areia onde se concentrava a maioria das pessoas. Eu costumava brincar nesse pequeno "território" e, do outro lado das pedras, "o resto do mundo".

Um dia, já adulto, caminhando naquela praia, pelo lado maior, conversando com um amigo, ele sabendo então que meu apartamento de temporada ficava do outro lado das pedras, contou que também sempre andava por ali e nunca, nunca pensou que existia mais aquele trecho de praia, adiante. Além das pedras, ele nunca passou. E era curioso saber que, por tantos anos, nunca imaginou que um futuro amigo estava sempre ali, a apenas alguns pequenos passos de distância.

Ele sempre nas caminhadas retornava "daquele ponto", e nossa amizade sempre estava depois "daquele ponto". Que ponto é este que não nos permitimos enxergar além, tentar um pouco mais, buscar adiante? Essa é apenas uma comparação que me ocorreu agora, mas será que a realização do seu sonho não está ali, a poucos passos de um esforço a mais? E muitas vezes desistimos, retornamos.

Também lembrei agora de uma gravura em corte onde se pode ver um minerador em uma caverna largando a picareta e a pá, desistindo de seguir adiante e na mesma imagem em corte podemos enxergar sob a terra que a centímetros de onde ele parou está um gigante diamante.

Nossas realizações muitas vezes estão apenas um pouco além do que enxergamos e nos permitimos enxergar. Sempre precisamos olhar mais adiante, nos esforçar, e acreditar que a sorte, o presente, o que há de melhor para nós pode estar bem ali a pequenos passos de distância. Talvez naquela faculdade que passamos sempre em frente, em nosso caminho, e nunca nos permitimos sonhar, experimentar, tentar. E apenas para aproveitar a ideia e mostrar como isso vale para tudo, talvez a felicidade no casamento esteja apenas a um movimento a mais..., talvez.

O sucesso sempre estará a poucos metros, minutos, esforços, visões e pensamentos de distância. Precisamos explorar mais a vida, o mundo, as pontas das praias, os tesouros soterrados que às vezes nem imaginamos existir, os relacionamentos maduros. E nunca desistir (de nós mesmos). Precisamos acreditar.

Por outro lado, também sempre falo em contentamento, afinal sonho não é impossível e podemos sonhar com qualquer coisa. Porém, parte da ilusão que afoga o mundo em antidepressivos é que nos convencemos, de modo imaturo, que apenas seremos felizes quando "alcançarmos o outro lado da praia, o diamante, o infinito de amor". Não! Seja feliz no caminho, na esperança, nos sonhos, no trabalho e na realidade.

Talvez eu nunca chegasse a conhecer este meu amigo e ele a praia onde estávamos, talvez você nunca experimente aquela universidade, aquele voo, aquele diamante, o grande amor... e isso não significa que não seremos felizes. Muitos são os horizontes e os destinos e ser feliz é, portanto, uma escolha dentro das oportunidades que a vida apresenta a cada um de nós. Belíssima escolha, grandes oportunidades.

Sempre aproveite o voo, divirta-se no caminho, aceite o destino.

A "chegada" é tão somente uma das faces da felicidade. Ela sempre deverá estar e permanecer por todos os percursos de nossas vidas.

CURTA O VOO E TODAS AS POSSÍVEIS PAISAGENS

Capítulo **III**

ALGUMAS QUESTÕES PRIMEIRAS

1. Devemos viver por um sonho, nunca matar ou morre por ele.

Adiante estudaremos mais sobre congruências e coerências fundamentais para que um sonho caminhe em uma direção para dar certo. Isto é, sermos sempre genuínos e com um sentido lógico em relação à vida, aos outros e ao sonho. Por hora, fique com este pensamento:

- Na luta por um sonho não podemos esquecer ninguém.

Vivemos em um mundo relacional no qual para escrever este livro deixo um pouco de lado minha família e por alguns momentos a mais do que seria interessante, porém, nunca imprudente. O que quer dizer um pouco mais do que seria desejável e eles entendem isso (espero).

Para algumas atitudes e decisões que tomamos, em uma vida com importantes relações, deve haver um combinado prévio. Não há necessidade de um contrato, um documento posto no papel, mas, uma conversa cheia de consideração, respeito e atitude. Um grande e verdadeiro pacto entre as múltiplas partes presentes em nosso dia a dia. Um acordo adaptável à medida que o sonho e as necessidades avançam, aumentando, diminuindo, modificando exigências para com todos os envolvidos, direta ou indiretamente. Lembre-se que nunca será perfeito, mas há respeito.

Não posso mergulhar em um sonho e deixar tantas outras coisas importantes de lado, abandonadas. Como alimentação, atividades físicas, lazer... e..., família, amigos... As pessoas precisam de mim, e de você. Nossa saúde também precisa de atenção. De que adianta conquistar o mundo se não teremos mais saúde para aproveitar?

Neste momento que escrevo, minha esposa está com nossa filha, na sala, assistindo "A Dama e o Vagabundo", um filme da Disney. Eu poderia estar com elas..., mas o combinado foi que logo que termine o filme eu encerro por hoje o que estou fazendo e ficaremos todos

48 SONHOS, DESAFIOS E EXPECTATIVAS

juntos conversando sobre a época que nós, os pais, ainda crianças, assistimos esse tema que era então um desenho animado e que fez grande sucesso no cinema. Interessante compartilhar sentimentos com a filha, ouvir as impressões dela e permitir saber que eu e a mãe também fomos crianças e nos emocionamos com essa mesma história de aventura e amor.

Todos nós somos um Sistema de Amor.

Lembre-se sempre disso:

- A imensa curiosidade sobre a vida é um maravilhoso motor para o desenvolvimento da humanidade, contudo pode nos maltratar muito se não tomarmos cuidado. Eu nunca serei um pai ausente.

Ícaro não se ateve a tudo o que devia, e falhou. Insisto, não vou falhar com minha família ou comigo mesmo. Ao menos, não consciente. Uma curiosidade egoísta e cega pode magoar a quem amamos e não apenas eles. Precisamos cuidar de todos à nossa volta e aqueles que estiverem nos caminhos que decidimos trilhar.

Não podemos brincar com a vida, mas, brindar e brincar "na vida".

Até um bom chefe pode aceitar você terminar o expediente uma hora mais cedo com a "desculpa" de sair e correr por um sonho, desde que, de certo modo, cumpra com suas tarefas do dia. Talvez ele até torça por você. Seu entusiasmo e essa situação "congruente e coerente" farão com que produza ainda mais pela empresa que se permite ajudar. Boas trocas são mecanismos fundamentais para os relacionamentos.

Concluindo, não se passa por cima de ninguém, nunca. Nada justifica sofrimentos desnecessários e tolas discussões. Não há sonho que mereça qualquer descuido. Atente! O verbo, a ação, a ordem é: "Cuidar".

2. O sonho também é seu, mesmo que seja no sonho do outro.

Muitas vezes nos deparamos com alguém lutando por um sonho e passamos a nutrir o desejo de acolher, ajudar, participar de tal esperança.

Mesmo que a sua ajuda e companhia prazerosa sejam aceitas e então você passe a ser um participante entusiasmado do sonho do outro, o seu sonho é "participar" na construção e nos possíveis resultados. Cada um assume então uma representação no processo, "cada macaco no seu galho", e o entusiasmo do "embarcado no sonho" poderá ser até maior e mais produtivo do que aquele que originou e apresentou a ideia.

É importante ficar claro que o sonho original será sempre do outro. O seu é participar dele. Nunca confunda as coisas, mas, claro que a vitória final, quando houver e a que houver, será de todos, responsabilidade, esforço, mérito de todos.

Assim como a derrota (nunca há derrota, derrota também é ilusão, mas esse é tema para desenvolvermos em outro livro – Espiritualidade).

Talvez você trabalhe e produza até mais que os outros nesse projeto, contudo PRECISAMOS respeitar a cota-parte de cada um para o sucesso, cada sonho individual, cada esforço, esperança e, sempre, principalmente, toda uma hierarquia que se constrói de modo natural ou imposto no grupo. Sempre honre o idealizador, assim como ele deve o mesmo por todos que participarem (até a moça do cafezinho).

Equilíbrio, difícil, mas imprescindível.

Hierarquia é "coisa de cérebro primitivo", desenvolvida por milhões de anos em nossas mentes para a cooperação e sobrevivência do grupo humano. Cooperação biológica.

Sendo assim, ajuda muito quando bem encaminhada, aproveitada, contudo, sem hoje um cérebro racional maduro, direcionado e preciso, podemos nos atrapalhar, confundir as coisas e acabar destruindo qualquer empreendimento, às vezes antes mesmo de ele começar.

Sempre esperamos algo em troca pelo tanto que investimos e fazemos em relação a nossas atividades na vida. Porém, a ilusão de um merecimento maior causa desequilíbrio e dano. É permitir ao medo e à infantilidade sabotarem a paz e a felicidade. Imaturidade, produzindo enorme e indomada confusão mental, capaz de trazer à tona equívocos, intrigas, brigas e discussões, emoções negativas que só atrapalham.

Não poucas vezes, sonhos maravilhosos que se tornariam grandes realizações e evolução para todos caem por terra devido a primitiva inveja, ciúmes..., tolas emoções que ainda... ainda... ainda... atrapalham muito a humanidade. Esqueceram de "perguntar" uns aos outros (e a si mesmos) o que cada um queria, de verdade; se estão todos na mesma direção; se entenderam bem cada meta e o objetivo final.

50 SONHOS, DESAFIOS E EXPECTATIVAS

Olha que interessante: o entusiasmo inicial é pura emoção, esta é "coisa do primitivo". Primitivo "não pensa direito" e cada um vive aquele momento com uma ilusão própria e construída achando que entendeu o caminho. Assim, quando há um sonho em sociedade, saem todos "correndo para cumprir o combinado", no entanto, esse deveria ter sido "melhor combinado" com o pensamento e o comando do lobo frontal – cérebro novo. Alguém perguntou para ele? – Não? Então agora entendem por que usam os motores da emoção, trabalham muito, mas, sem a direção do cérebro novo, quando se dão conta está cada um "remando para um lado". – "Mas estávamos todos felizes e agora estamos brigando". – "Você não entendeu"! – "Não! Foi você quem não entendeu"! Pronto, podem ter planejado todos os passos factuais para alcançar o sonho, montaram todas as estratégias..., mas esqueceram de "perguntar ao lobo frontal" qual a direção para ser realmente um sonho de todos.

3. Compartilhe a ideia do seu sonho com muitos.

Lembra-se daquela frase: "Quem não é visto não é lembrado". Pois bem, uma valiosa frase própria para *marketing* de relacionamento, rede de negócios etc. Se você tem um sonho, compartilhe com muitos. Espalhe sua energia pelo mundo que o mundo devolve e encontrará quem o incentive.

Claro que você não vai contar um segredo, uma fórmula inédita que possa ser "roubada", afinal, em alguns casos, todo cuidado é pouco. Contudo, assegurando-se com passos bem pensados, encontrará muitos que poderão e até querem ajudar.

Quantos se sentirão inspirados por teu sonho?

Quantas pessoas irão te estimular ainda mais, propor caminhos, saídas para problemas, novas ideias?

Tem muita gente boa no mundo e acredito que eles são a maioria. Portanto, a chance para você conseguir sinergia é muito grande. Cerque-se de contatos que possam ajudar de algum modo.

Conte agora para mim:

- Como você quer estar até o fim desse ano?

- Como você quer estar daqui a cinco anos?

Se começar hoje dá até para fazer um curso, uma faculdade, pós--graduação. Se não começar, isto é, sem uma ação direcionada estará igual ou até pior. Se desistir de um sonho... com certeza, pior.

Como vimos no capítulo I, acreditar é o começo de tudo. Acredite que pode e comemore desde já:

- A decisão, o percurso e..., a chegada – quando e se houver. Cada passo, cada dia deve ser festejado e em gratidão.

Contudo, sempre estarão por aí aqueles que dirão:

- "Não conte para ninguém"!

- "Farão 'olho-gordo' e começará a dar tudo errado".

Bem. Nego-me, recuso-me comentar. Apenas discordo e acho irrelevante..., e se algo relevante, tolo. Confie na vida, nos poderes do universo e na intenção de Deus.

4. Saiba envolver as pessoas no mesmo sonho – inspire. Essa é apenas uma observação, um cuidado a mais que se mescla com os três tópicos anteriores. Todos merecem. Seu sonho é pura evolução.

Capítulo **IV**

REATIVANDO SONHOS

1. Um Sonho deve ser bem sonhado.

Essa frase parece incorreta, redundante, ingênua, mas não é.

Permita-se "viajar", sonhe muito alto, além do possível, afinal, já vimos que não existe sonho impossível, não é mesmo? Depois de um bom tempo navegando "por mares nunca dantes navegados" volte. Permita-se mudar, pensar, "adequar à realidade".

Navegue entre sonho e realidade como um forte pêndulo, de um lado para outro. Afinal, um potencializa o outro, um corrige o outro, o que nos faz avançar criando novas ideias.

Há literatura sobre um protocolo que Walt Disney utilizava, conhecido como Estratégia Disney. Segundo soube, não pesquisei, ele colocava diferentes pessoas, com variados padrões de criatividade, isoladas em um prédio, em um espaço físico específico. E ali, era pedido para que "viajassem" na imaginação. Estava proibido racionalizar, mas deveriam usar todas as emoções, entusiasmo..., desse modo elaboravam milagres.

Após um tempo, talvez dias, deslocava esse grupo para outro prédio, outro endereço físico, outra estrutura espacial, a fim de que ali, em ambiente diferente, juntos colocassem no papel tudo o que fora construído pela imaginação individual e coletiva e que ainda vivia na mente deles. Isto é, tornar real, palpável, adequar possibilidades, concretizar.

E isso nós devemos fazer também, "viajar a mente e concretizar".

Talvez não seja necessário pular de um cômodo para outro em casa. Mas, permitir-se um tempo ótimo para imaginar e outro, tão extraordinário quanto, para colocar no papel tudo o que alcançou.

O sonho é dinâmico, assim como a vida. As circunstâncias mudam, a cabeça muda, o corpo e os desejos mudam, como esperanças. O medo..., este complexo objeto de defesa, diminui muito ao longo do tempo, quando trabalhamos bem nossa menor maturidade e desconhecimento sobre "com o que estamos lidando".

O medo diminui à medida que o cérebro se sente menos ameaçado, simplesmente porque passa a conhecer cada vez mais aquilo que era desconhecido, portanto, ameaçador.

O desconhecido assusta.

Quando conhecido, já não nos coloca tanto medo.

Será que um aprendiz de domador de leões estava tranquilo quando entrou a primeira vez em uma jaula cheia de "gatinhos" enormes?

- Com certeza, não. Mas enfrentou. Não apenas as feras, enfrentou a si mesmo, insistiu, persistiu e superou. Aprendeu a viver o novo.

Acalmou.

Mas, sabe que se "acalmar" demais, será devorado.

Já retomo essa ideia, algumas linhas adiante.

O Sonho é a parte invisível de um projeto, o projeto, quando colocado no papel, é a parte visível de tudo aquilo que você imaginou.

- Adiantaria alguma coisa seu sonho ficar apenas girando, girando, girando em sua cabeça?

- Como "contar para seu cérebro" o que você quer se não se permitir olhar para o projeto concreto, admirar, corrigir..., alcançar.

Nossos pensamentos, por mais que a gente tente, eles são erráticos, um pouco loucos, isto é, atiram para todo lado. Concentração máxima é impossível, não somos máquinas, e isso é normal, nos distraímos, esquecemos. Pensamentos vão e voltam – lembranças, ideias novas, sustos, surpresas cheias de emoção e a vida passando à nossa volta, nos desconcentramos do que fazemos com o barulho do motor de um carro na esquina, o som de um estalido da porta, uma lembrança, ou mesmo o silêncio, um vazio que nunca é absoluto, todos se misturando ao ruído do seu sonho.

Você pode estar atento e envolto em suas ideias e o Sol começa a iluminar a janela, saindo por detrás das nuvens, imediatamente você lembra da praia que esteve no último final de semana, o mar, as ondas, a... Volte, volte, volte ao sonho. O ruído daquele carro lembra você que precisa levar o seu para revisão... VOLTE, volte ao sonho.

54 SONHOS, DESAFIOS E EXPECTATIVAS

Quando colocado no papel, por mais que distrações aconteçam, a imagem do sonho estará sempre lá, permitindo-se ser olhada, admirada, corrigida, modificada, mas respeitando uma velocidade e a lógica mental que agora pode ser mais bem analisada, compreendida, administrada.

Lembra-se que contei para você sobre meu sonho de infância, aquele de desejar voar como os pássaros, como super-homem?

- Pois bem, ficou lá atrás. Nem mesmo com paraquedas.

Certo dia estive no aeroporto para dar uma palestra. Era ainda final de tarde e pude observar o treinamento da equipe de paraquedismo: pulavam do telhado de uma casa e rolavam pelo chão para acostumar o corpo com a queda, aprender a cair.

Eu?

- Hoje prefiro voar tranquilo e bem-servido em belos aviões.

Mesmo assim lembre-se:

- Sonhar é estar a um passo para levantar voo.

2. Um sonho deve ser bem trabalhado.

Requer ação, atitude consciente, disciplina e determinação.

Recordo-me num mês de julho, de tantos em minha juventude, época em que aproveitava com amigos as férias escolares para viajar, geralmente para as praias..., sim, mesmo no inverno, diversão para aplacar um pouco a "pesada" vida de estudante (tolinho, eu ainda não sabia nada sobre o "pesado" que esperava por mim na vida adulta).

Estávamos em três amigos conversando sobre qual destino escolheríamos naquele ano, quando alguém disse, e não recordo quem foi o louco que fez tal proposta: – "Que tal estudar inglês na Inglaterra"?

- Um olhou para o outro por um tempo..., como assim?

- Trocar o frio da praia em julho por um gelo maior em Londres?

- Quando, como, com que "dinheiro" ...?

- Mas, com esse "nosso inglês" enferrujado?

- Sim, por isso mesmo, estudar inglês, ora bolas!

Só sei contar para você que não fomos à praia naquele julho. Jantamos juntos aquela noite, cheios de ideias, e no dia seguinte estávamos fazendo uma prova para verificação do nível de inglês de cada um e imediatamente a matrícula naquela escola de línguas. Intensivo.

E assim foi! Aulas todas as noites, de julho até final de dezembro, e embarcamos com destino a Londres no dia quatro de janeiro de 1985, onde permanecemos estudando até meados de abril.

Foi crucial para a realização dessa aventura:

- Sonhar e discutir ao máximo o sonho, o que se chama empolgação no coração de três jovens. Em seguida, planejar e colocar em prática:

- Administração de tempo, administração financeira... depois falamos mais sobre esses assuntos tão fortes na vida de todos nós.

O importante saber aqui é que um sonho exige missão, metas claras, estratégia, perseverança – DECISÕES. E a missão não era passear, conhecer lugares novos, outras pessoas. Mas, dominar uma língua importante para a vida e tentar torná-la definitiva. Era um investimento.

Um sonho também prescinde estar tudo pronto. Pode-se iniciar com alguma coisa, com o que tem em mãos. Pedem-se competências, em que eu devo me capacitar para assumir competências, coisas que se possa dizer mais tarde que compete a mim?

- No necessário. Capacite-se no possível e indispensável.

Há quem só se prepara, se prepara, se prepara... para nunca agir. Isso é uma maneira de procrastinar, de não realizar de fato. "Empurrar com a barriga" é uma maneira especial de fuga.

Conhece alguém assim?

- Faz uma pós-graduação atrás de outra, um curso, mais um..., sempre contando para todos muitos sonhos e desejos e permanentemente sentindo necessidade de "algo mais" que precisa cumprir para poder então "começar" a..., ser feliz. É uma triste maneira de jogar para frente o que deveria iniciar agora. É o medo de começar, medo de estar, medo de... errar, medo de... conseguir... medo. Pare! Pense...

Com quem você pode se associar que já tenha capacidades e competências e possa colaborar com seu sonho?

- Com quem você pode trocar, somar, habilidades para dar início ou depois para tentar manter seu projeto?

Você pode sonhar muitos sonhos, múltiplas ideias. Não fique ligado apenas a um desejo, muitas vezes enrascado, preso, *"atrapado"*. Sim, às vezes construímos e caímos na própria armadilha que criamos.

Alguns chamam de Plano B. Mas, pode ser C, D, E...

Fique tranquilo, não esqueci do que escrevi ali atrás, logo trataremos mais uma vez do medo. Um tema que precisa ficar muito claro em nossa mente para que possamos usá-lo sempre e de modo diferente e a nosso favor, ativo, correto, pronto.

A seu favor.

Capítulo **V**

OBSTÁCULOS OU DESAFIOS?

Obstáculos são encarados, na maioria das vezes, como dificuldades que nunca deveriam existir. "Deus nos livre", dizem alguns cada vez que lembram de algo que não gostariam de enfrentar.

Contudo, imagine apenas por alguns momentos se tudo fosse muito fácil, tranquilo, sem nenhuma resistência. Acredito que a espécie humana não existiria..., ou seríamos extremamente fracos, frouxos, sobrevivendo como que por milagre.

As dificuldades podem ser encaradas como presentes que recebemos do Universo a fim de criarmos capacidades e competências para um desenvolvimento cada vez maior. Músculos hipertrofiam, aumentam de tamanho, volume e capacidade, porque oferecemos obstáculos, resistência, um peso como força contrária, e eles literalmente criam competência para superar o desafio. Criam, crescem, porque constroem mais fibras musculares... para se tornarem "melhores" (assim como nós diante de problemas, construímos "neurônios" e assim uma nova mentalidade).

Problemas, portanto, podem ser encarados como maravilhosos exercícios ofertados por Deus. A vida pode ser encarada como uma academia do universo para nosso desenvolvimento e felicidade.

Ok! Não gostou dessa afirmação?

- Sim, reclamamos de tudo. Faz parte do desconhecimento (espiritual – pergunte para Jó, vai lá no Antigo Testamento, vá, eu espero).

Recordo a imensa dificuldade que vivi quando participei da prova para conquistar meu título de especialista em Ginecologia e Obstetrícia. Foi logo que retornei da Espanha, onde havia investido um tempo para

58 SONHOS, DESAFIOS E EXPECTATIVAS

ampliar meus estudos em Gestação de Alto Risco. Medicina Fetal ainda engatinhava no mundo médico e eu empolgado na busca por essas novas áreas de conhecimento que surgiam dentro da especialidade.

Não passei na primeira prova.

Cheguei bem perto, mas, não passei.

Uma sensação de frustração, incapacidade, insegurança..., e adivinhe qual foi minha primeira reação (e da maioria dos que ficam de fora)?

- Critiquei a prova.

- "Muito difícil, muitas questões, demorada, cansativa, a cadeira horrível, dor nas costas, falta de tempo para responder tudo, sede, fome...". Claro! Afinal (para imaturos) a culpa sempre é do outro... (desculpas que inventamos por despreparo e medo – medo de crescer?).

Como às vezes somos "figuras estranhas" nesse mundo. Um ano depois lá estava eu na mesma cadeira, mesma prova, duração, cansaço, sede, fome, tensão...

Passei nesta segunda tentativa.

Lembro-me ainda hoje do momento que li o resultado escrito em uma carta (sim, ainda não havia internet, apenas correios). Hesitei em abrir o envelope, por medo (sempre ele), e dois pensamentos imediatamente vieram à minha mente, enquanto eu ainda segurava aquela folha de papel timbrado da Federação Brasileira de Ginecologia e Obstetrícia:

- Alegria provocada por uma grande sensação de alívio e... Pasme!

- "Um desejo de que a prova tivesse sido mais difícil ainda".

Sim. A "dificuldade" valoriza a vitória. Quanto maior o problema que você enfrenta, maior o reconhecimento.

Obstáculos são, portanto, desafios que exercitam mente e corpo e oferecem um gosto a mais quando superados. Musculatura mental em pleno desenvolvimento para superação de "qualquer coisa" no futuro.

E mais! Obstáculos nunca são motivos para impedir seu sonho.

> **NUNCA SÃO MOTIVOS PARA IMPEDIR O SEU SONHO**

Obstáculos são inevitáveis, portanto, considere cada um deles companheiros de viagem em seu caminho para um posterior grande "alívio" e desejo de que fossem dificuldades ainda maiores. Você, cada vez mais forte, poderoso..., sincero, humilde. Menos medo para a vida.

OBSTÁCULOS OU DESAFIOS? **59**

Com certeza as dificuldades dão direção e ainda mais garra para os fortes, aqueles que já sabem como a vida funciona e seguem em frente, e, por outro lado, qualquer dificuldade, por menor que seja, pode ser fim de linha para os fracos. Esses não dão um passo sequer, reclamam, choram, rezam e oram para que Deus faça alguma coisa (para eles), colocam a causa dos problemas naqueles e em tudo que os rodeiam...

Dessas duas possibilidades, forte ou fraco, qual é a melhor mentalidade para carregar pela vida, no alforje das ferramentas essenciais para a felicidade? Lembre-se sempre disto: mentalidade é criada, veio de algum lugar e irá adiante DA MANEIRA QUE VOCÊ PERMITIR.

Superconsciência quer que você acredite, compreenda, dê novos significados e faça novas escolhas. Qual será a escolha agora: caminhar para a frente com um sorriso nos lábios ou sentar-se e chorar? Sim, é verdade, fortes também choram, ficam tristes..., mas logo "se levantam" e o choro passa a ser pelas lutas e as possibilidades. Eles sabem que nem sempre haverá vitória. E a verdadeira vitória é o "levantar-se".

As emoções são os motores em nosso cérebro, a razão pertence ao lobo frontal ativo e persistente. Sinta orgulho por lutar e superar cada dificuldade, contudo, às vezes fique um pouco no chão, chore, sinta..., é importante reconhecer a dor em si mesmo e "no outro". Depois, "erga-se"!

Vamos conversar sobre algumas das dificuldades mais comuns:

1. Falta de tempo.

Precisamos aprender desde muito cedo na vida a <u>administrar o tempo</u> que temos, afinal, ele é absolutamente igual para todos. O dia tem 24 horas, absolutamente iguais para mim e para você.

Por que parece que para algumas pessoas sobra tempo enquanto outros não conseguem terminar simples tarefas do dia?

- É fundamental equilibrar dois elementos principais, já presentes em todos nós: papéis e prioridades.

Papéis são as posições que assumimos como atores no mundo. Meu papel a ser desempenhado enquanto filho, irmão, pai, empresário, empreendedor, amigo..., escritor e médico, esses no meu caso. Cada papel demanda um roteiro a ser seguido e exige uma série de decisões, muitas vezes antagônicas. Sim, para uma atuação em determinado momento, limitamos outra, para responder a um chamado, "desligamos" outro..., mesmo sendo nós sempre o mesmo protagonista.

Importa muito como me posiciono e equilibro a intensidade, a importância e o tempo que permaneço e desenvolvo em cada relação.

Prioridades são os objetos das escolhas que tomo para atuar na vida, desde o momento em que acordo até fechar os olhos no final do dia. O que considero mais importante e devo me ater primeiro. Quais os elementos que preciso resolver imediatamente, responsabilidades com data e hora marcadas, adiáveis ou não, importa saber as consequências das minhas decisões, o que é bom para mim, para as pessoas que eu amo e para o mundo, para Deus, minha missão, trabalho, laser, sociedade.

Deixe-me misturar os dois, papéis e prioridades, nessa festa da administração de tempo. Nesse momento estou escrevendo esse parágrafo enquanto minha filha desenha em algumas folhas de papel, ali no chão da sala. Estou em meu escritório, concentrado quando ouço ela começar a chorar. Levantou-se, escorregou e caiu. Fica fácil saber que este parágrafo ficou para depois, verdade? Agora já está tudo bem com ela. Com o choro resolvido, volto ao parágrafo que escrevia ou fico ali e dou um pouco mais de atenção para ela? Ofereço-me para levar minha esposa que então entra na sala e diz que está atrasada para um compromisso, afinal, eu posso ajudá-la dirigindo, estacionando...; ou tomo meu banho agora por que daqui a uma hora tenho que sair para trabalhar? Sempre chegará à nossa frente "isto ou aquilo" que precisa ser "escolhido" fazer. Coisas com hora marcada, outras não, urgências, outras não...

Passa por nossos pensamentos uma festa dessas escolhas. Às vezes erramos, outras acertamos. Como você já sabe, tudo certo sempre, somos as pessoas possíveis. E, acredite, papéis, prioridades, administração de tempo, da emoção, da esposa, filhos e de si mesmo é possível sim! Existem estratégias para tudo isso. Depois olharemos com mais calma, ok? Minha prioridade agora é você aqui, nesta parte do tema.

2. Falta de recursos.

<u>Administração financeira</u> pode ser resumida onde e como captar, manter e direcionar recursos.

Quase tudo o que fazemos requer dinheiro e investimentos. Vivemos com base em trocas em um mundo com diferentes crenças e valores para cada um. Esse é um tema muito delicado para todos porque pode ser quebrado facilmente, algumas vezes de modo desonesto ou imoral. Não vou perder seu tempo aqui com milhares de exemplos de negócios que não deveriam ser feitos, mas, lembre-se, abraçar e desejar o bem é de graça e só trazem vantagens a quem oferece e a quem recebe.

Para detalhar a administração financeira, aspecto tão importante na vida, também merecerá outro livro.

Administração de tempo e financeira são temas muito importantes, eu diria fundamentais, para que qualquer sonho possa dar certo. Tempo e dinheiro, uma organização imprescindível para realizações, futuro e felicidade. Tarefas postas pela vida, na grande maioria das vezes, para impulsionar ou impedir você de lutar pelo que deseja. Tempo é dinheiro, costuma-se dizer e há muita verdade nessa afirmação.

Tempo e dinheiro, essas duas "entidades" são objetivas, afinal, "podemos contar" tempo e dinheiro (por mais que influenciadas muitas vezes por causas não objetivas) e, portanto, devem ser resolvidas de modo também objetivo – calculado. Agora vamos tratar do subjetivo que vive em nós. Aquilo que pode ser observado, mas dificilmente calculado.

3. Falta de realidade.

Por mais que eu tenha afirmado que não existe sonho impossível, delírios, por serem muito complexos e difíceis, levam-nos ao imobilismo e não demora para gerar uma espécie de esquecimento quase proposital, uma fuga mental automática que o cérebro utiliza sozinho (inconsciente) para poupar energia (em gastos tolos). Coisas da boa biologia, guardar força e nos defender da nossa própria loucura.

Conhece alguém assim, que vive no mundo de sonhos, pulando de ideia em ideia, sem nunca iniciar qualquer ação sobre nenhuma delas, intercalando devaneios e com uma vida ordinária, corriqueira, igual? Um "ser" que parece normal aos olhos da maioria, um indivíduo curioso, alegre, anima a todos, por onde passa, com tantas expectativas para a vida. Porém, não sai da fila das casas lotéricas, já que talvez imagine que um atalho possa fazer com que chegue mais rápido "àquilo que ele nem sabe exatamente o quê", afinal, são somente míticas abstrações.

4. Falta de otimismo e estímulo.

Negativismo de alguns que dizem para você:

- "Não arrisque, cuidado, não dará certo".
- "Oh, vida! Oh, Azar" (essa é antiga).

Um modelo mental que pode ser corrigido..., se o portador quiser.

Alguém que cresce e desenvolve a mentalidade nesse meio ruim, pessimista, "gasta" (perde) toda a vida acreditando não ser merecedor de nada e tudo é e será contra ele, qualquer vontade dele não dará certo. Se é que conseguirá ter alguma vontade, pois com o tempo esquece de toda atitude que tinha quando criança, de experimentar, tentar, cair e levantar. Nem que fosse levantar e vencer um "desafiante" caminhar até a mamãe.

Desconhece outro modo de pensar e agir, perde-se em angústias contínuas, muitas vezes não controla uma agonia crônica e ainda defende-se atacando quem vive diferente, desmerecendo tudo o que encontra de bom pela frente. Como não conhece outro modo de pensar, pois não entende outras pessoas, dificilmente sai do buraco sem a ajuda insistente e persistente de algum "anjo" que esteja próximo. Sempre haverá um anjo por perto.

Bem, você já sabe que somos anjos uns dos outros, não sabe?

- Existe um modo de pensar diferente..., e estamos aqui para ajudar. Todos merecemos muito. Permita-se merecer. Se eu não acreditasse em mudanças, não estaria escrevendo este livro. Eu mesmo não teria mudado meus muitos anos de baixa autoestima.

Quantos anjos passaram por minha vida?

- Muitos. Mas, eu "permiti a mim mesmo", respirar.

5. Preconceito e discriminação.

Outra frase persistente em nossa vida:

- "Não devo, não posso, não é permitido".

Se todos os nãos fossem respeitados no mundo estaríamos ainda na Idade da Pedra. Muito da evolução humana deveu-se a alguém um dia ter a coragem de colocar-se contra a cultura local, desafiando preconceitos, superando discriminações e vencendo resistências. Jesus foi um desses que marcou um grande não para a sociedade da época (Pssiiu! Este Programa é prova viva de tantos outros movimentos de mudança).

Preconceito é construir ou receber e então aceitar um conceito como verdadeiro, sem mais questionamentos, uma opinião rasa que não é posta sob uma boa análise crítica. Acreditamos que é assim e assim será. Isso é viver de modo superficial sem nunca parar para utilizar um olhar próprio e mais atento.

Claro que existem coisas que não posso, não devo, não é permitido, contudo, muitas vezes apenas não percebemos que estamos repetindo um processo cultural local, mesmo familiar ou de uma época.

"Filho! Não desça da árvore, fica aqui! Esta savana africana é muito perigosa. Filho! Aonde você vai? Filho!". Foi. E graças ao arrojo de um jovem, num passado muito distante, hoje estamos todos aqui.

O que agora é uma moda ridícula foi fantástica em outro momento. O que atualmente é fantástico, logo poderá ser visto como ridículo.

O "racismo", por exemplo, é apenas um comportamento aprendido e que foi aceito em determinadas sociedades, por um sem-número de razões postas como verdadeiras e inquestionáveis. Se eu e você nascêssemos em uma sociedade com escravos, veríamos como normal até questionar, crescer e mudar. Muitos não pararam para pensar e não eram essencialmente maus, apenas viviam da mentalidade de uma época e meio. Outros pararam, olharam e... a escravidão ainda demorou muito para ser abolida. Para alguns, ainda não terminou.

"MUITO" em nossas vidas se resume em uma mentalidade formada com medo ou coragem suficiente para mudanças.

Em tempos não tão distantes assim, namorar sozinhos aos 15 anos de idade, nem pensar! Hoje...

O ruim é que acreditamos e vivemos preconceitos, sem questionar, avaliar se é bom ou ruim para nós, para o mundo e para todos. Temos os nossos preconceitos e geralmente nem sabemos disso, vivemos sob o domínio das "razões". Vivemos razões sem razão. São construções mentais nem sempre prejudiciais ou maldosas. Apenas são, existem, formações próprias da mente, necessárias até. Muito importante para a vida:

- Sim, "questionamentos" acontecem, começam pontuais aqui e ali, tornando-se cada vez mais fortes, frequentes, avançando sobre muitos indivíduos de uma sociedade, até que atingem um momento de ruptura e mudança sistêmica. Mesmo assim, como no exemplo, hoje é inaceitável ainda existirem pessoas racistas..., homofóbicas..., homo idiotas, Homo *erectus*..., Neandertais. Viver em árvores?

- Bem, talvez esses últimos fossem mais civilizados que os atuais. Na realidade, não eram muito diferentes de nós.

Neuro funcionalmente falando, uma criança da Idade da Pedra já apresentava formação neural para aprender a utilizar um aparelho celular ou um computador. Apenas esses não existiam naquela época. Nossa evolução biológica é lenta, inevitável e difícil de quantificar.

Muitas vezes dizemos com orgulho que já estamos no século XXI, como se isso fosse grande coisa, como se o passado fosse pior. Ele apenas foi. Contudo, pergunto: "Como ainda existe, insiste, persiste isto e aquilo de ruim em nossos comportamentos? Brigas entre homens e mulheres, quer em casa, quer no trabalho, nas igrejas, clubes, comunidades..., essas dificuldades já não deveriam ter desaparecido?".

- Provavelmente alguém na entrada do século XX pensou a mesma coisa, no século XIX apenas se repetiu o pensamento, ... no próximo também alguém pensará mais uma vez ou... estamos progredindo, de algum modo? Estamos sim, mas ainda temos muito pela frente enquanto humanos. Podemos, melhor aqui, você pode acelerar esse processo. Mas, não basta pensar no assunto, é preciso "PENSAR MAIS".

Puxa! Será que isso é um preconceito e/ou um preconceito meu?

Esses dois modos de expressar são semelhantes, porém, não são iguais. Preconceito é tomado comumente como uma maneira negativa de avaliar alguma coisa. Por exemplo, preconceito como ter um conceito ruim sobre uma cultura, um estilo de música, um tipo de roupa, costume ou comportamento. Já preconceito é apenas possuir um pensamento antecipado por algo, não necessariamente bom ou ruim. Fato: temos, possuímos um conceito sobre algo. Pare e avalie se é bom ou ruim, se faz bem a você, para as pessoas que fazem parte da sua vida, para a sociedade e para seu futuro. Como o pensamento é seu, tem, possui, você pode fazer o que quiser com ele. Se for bom, mantenha e até melhore ele porque parou para pensar sobre... Se for ruim... JOGA FORA, MEU!

Uma coisa eu sei: "não pode", "não devo" são tremendos freios da criatividade, da evolução e do despertar humano. Já um grande "eu posso", "eu acredito", "eu sou capaz de mudar" são poderosos motores... que provavelmente tenham ajudado a alguns dos nossos antepassados a descerem das árvores. "De onde eu preciso descer e não vi ainda"?

DE ONDE EU PRECISO DESCER E NÃO VI AINDA?

Contrário à boa evolução, podemos também pensar desse modo:

6. Crenças negativas.

Outras pérolas que falam por aí (e por aqui).

- "Sempre foi assim, não mude nada, ninguém consegue". Cultura do medo, modo de pensar negativo que atrapalha sempre. O "ninguém consegue", é ótimo. – "Bhhhá"! Sim, por isso mesmo sempre existe um primeiro, o inovador, alguém cheio de coragem e determinação. Por que não eu, você? "Vai! Desce você primeiro da árvore"!

- "Quem? Eu? Desce você! Você é quem teve a ideia (absurda?)".

BINGO! Ideia – palavra mágica que impulsiona o pensamento (e seus sonhos a tornarem-se realidade). Falta agora só a coragem.

Muitas vezes nascemos, crescemos e vivemos com um olhar pessimista sobre a vida e os comportamentos. Assim como aprendemos a nossa língua mãe, aprendemos o nosso "medo-mãe". Medo hereditário.

Falamos e nos entendemos em nossa língua, muitas vezes muito mal, diga-se de passagem. Falamos, nos entendemos sob o domínio de nossas crenças (medos, preconceitos...). Acreditamos que não vamos dar certo (até de modo inconsciente), que é assim mesmo... e eu pergunto:

- E se crescêssemos em uma casa com crenças positivas, otimistas..., pense, que língua falaríamos..., como agiríamos?

- Por que então não "aprender" outras línguas, outras crenças, outras "coragens"?

- Permita-se, você merece, o mundo merece você melhor.

Vamos aprender a ser otimistas?

- Então, ainda veja estas:

7. Falta do hábito de sonhar.

Muitas vezes pelo sonho ter sido posto de lado, trocado nosso desejo por tarefas diárias em demasia. Um grande sonho sem determinação não consegue viver por muito tempo se a cada momento você precisa resolver um número enorme de problemas, e pior, geralmente dos outros. (Estou agora na fase de correções para este livro e você não faz ideia da quantidade de vezes que precisei parar para "resolver" outras coisas. Desde lavar, limpar e cortar um pimentão amarelo para minha filha, que ela trouxe aqui para que eu preparasse para ela – é..., uma alimentação exótica pela manhã [4 anos, pense] – até esses dois últimos dias que dediquei para a construção de uma palestra virtual a pedido de uma grande empresa).

Claro que o trabalho exige, a família exige, teu cansaço exige... E quando você se dá conta passaram às vezes anos e você nem lembra que um dia possuiu um grande sonho em suas mãos (mente e coração), que para resolver outras tantas coisas colocou sonho e esperanças em uma gaveta, na certeza que logo voltaria a ele, e pouco a pouco... esvaneceu, apagou de sua memória, às vezes definitivamente.

Nesse momento você se dá conta de que nunca mais sonhou, não tinha tempo "para essas besteiras". E pior, acreditou nisso. Lembre-se sempre, quando falamos sobre papéis e prioridades, você também tem um magnífico papel..., e você também é grande prioridade.

8. Escolhas de curto prazo.

Deixando sonhos e desejos para depois.

Esse é bastante semelhante ao item anterior, porém a diferença aqui é que você está no comando e não os outros. No comentário anterior, você abandona seu sonho "em uma gaveta" devido a exigências de alguém e da vida. Agora, você larga seu sonho no limbo para agarrar-se em algo mais fácil, mais ao alcance das mãos. Como dizem por aí, faltou "tutano", termo dado para coragem, força, inteligência.

Não acredito que tenha faltado, apenas está escondido em algum canto do seu cérebro e isto porque sei que você e cada um de nós fomos feitos para dar certo. O tutano está lá, vai lá olhar! Falta apenas você acreditar, compreender, ressignificar e fazer novas escolhas.

9. Sucesso em outra coisa.

"Ok! Aqui está bom, aqui estou bem".

Ainda semelhante às anteriores, porém agora, mesmo sem obrigatoriamente ter sido fruto de um sonho e, por isso mesmo, você nem

OBSTÁCULOS OU DESAFIOS? **67**

lutou muito para obter, mas..., conquistou..., e se acomoda, satisfaz-se (com qualquer coisa), só para não continuar no caminho que eventualmente pretendia. Algumas vezes por dor, cansaço ou desilusão.

Eu fui vítima clara dessa situação.

Época de vestibular e eu tinha certeza do meu sonho: ser médico. Estudei muito – eu sei disso – mas, não foi suficiente. Não passei nas primeiras tentativas, no primeiro ano.

Prestei vestibular em diversas Universidades e raspei ali, quase aqui, mas, não, ainda não foi dessa vez.

Quando me dei conta estava novamente com apostilas de cursinho, aulas, aulas, aulas, matemática, física, biologia, português, história... e eu gostava, muito, curiosidade, estudo..., mas perguntava a mim mesmo, por que não passei no vestibular?

A autoestima despenca, somada a coisas da idade, amores, sabores, cores, rumores, dores.

E chegou finalmente, mais uma vez, a época das provas.

Uma, duas, três..., e, nada.

Até que prestei vestibular em Florianópolis – SC. Universidade Federal de Florianópolis. Naquela época inscrevia-se no curso que desejava e marcava uma segunda e terceira opção. Não queria outra opção, mas marquei Odontologia como segunda e nem recordo a terceira.

Adivinhe! Passei na primeira turma de odontologia.

Imediatamente comemorei – e muito – fui até lá e fiz a minha matrícula para garantir minha vaga na Universidade. Feliz, afinal...

Não era meu sonho, mas o que importa, estava fora do suplício, do enorme esforço, e mais, eu já não seria mais "vestiba", agora eu era um "universitário". Eba!

Lembre-se, nosso cérebro primitivo justifica em uma velocidade e capacidade fantásticas tudo o que for mais fácil para nos livrar da dor (e do medo). Aqui vale uma caixa de texto, caixa alta e negrito:

> **NOSSO CÉREBRO PRIMITIVO JUSTIFICA EM UMA VELOCIDADE E CAPACIDADE FANTÁSTICAS TUDO O QUE FOR MAIS FÁCIL PARA NOS LIVRAR DA DOR (E DO MEDO)**

68 SONHOS, DESAFIOS E EXPECTATIVAS

Viva! *Flop*, aqui vou eu!

Mas..., não era meu sonho.

Pouco importa, eu já me enxergava com a pasta da universidade em uma mão e a prancha de *surf* na outra.

Enquanto eu me via assim, meu pai me via assado..., frito, cozido. Não concordou.

Colocou-me fechado com ele em uma sala e teve uma conversa, digamos, mais forte e determinante comigo. Lembro-me muito bem daquele momento. Ouvi, pensei..., argumentei, ouvi novamente... foi tenso.

Até que ele me ofereceu delicadamente um "xeque-mate":

- "Ok! Você vai fazer odontologia em Florianópolis. Mas, falta um vestibular para medicina e eu sei que você está inscrito. Faça. Se não passar apoio você em tua nova decisão para cursar odontologia".

Razoável, pensei, apesar de que eu não aguentava mais fazer provas, e aqui está, ANOTE: – **meu cérebro queria o mais fácil, rápido, e tentava desesperadamente me convencer disso**. Todos nós fazemos isso, às vezes sem perceber, de modo inconsciente, atitudes armadilha. Daí a importância, mais uma vez, dos anjos em nossa vida. Todos eles. Porém, mais importante ainda, aprenda a ouvir anjos, o universo e o que Deus quer com a gente. Dessa vez o anjo foi meu pai.

Cérebro primitivo destreinado, medroso, fujão.

E eu fiz o último vestibular.

Passei.

E hoje sou médico.

E nunca surfei.

"Droga"!

QUAIS DESSES OBSTÁCULOS MAIS IMPEDEM O SEU CRESCIMENTO?

Falta de tempo; recursos; dinheiro; realidade; otimismo; coragem; esperança; fé...? Pare agora mesmo essa leitura. Pense e reflita sobre eles. Respeite todos, afinal, cada um tem relevância em nossa vida.

E..., resolva, um a um.

"Um dia um passarinho olhou para um amigo que estava ali perto dele e disse, já quase levantando voo":

- "Você não vem"?

O outro passarinho olhou, "desolhou", olhou novamente e respondeu:

- "Não! Aqui tá bom".

- "Aqui tá bem"!

Mentira, não estava nada bem.

Capítulo **VI**

CRENÇA E INTERPRETAÇÃO DA CRENÇA

Ainda importa tocar em um tema fundamental para o percurso e os resultados em nossas vidas: a crença e a interpretação da crença. Isto é, o que acredito e a maneira como reajo diante daquilo que acredito, como penso e qual o poder da minha mente sobre o desenrolar da minha história. É você que define, desenha e ativa o presente e o futuro da sua vida.

Perguntaram a dois gêmeos idênticos – univitelinos, frutos de uma só fecundação – já adultos, por que um deles conquistou tanto sucesso e outro fracassou em vários aspectos da vida, já que tinham a mesma origem genética, cresceram juntos e foram tratados da mesma maneira, na mesma família, com as mesmas chances e oportunidades?

- O gêmeo que alcançou **sucesso** respondeu:

- *"Sabe! Meu pai era alcoolista e fracassado, eu não poderia ser diferente do que sou"*.

- O gêmeo que **fracassou** respondeu:

- *"Sabe! Meu pai era alcoolista e fracassado, eu não poderia ser diferente do que sou"*.

Como assim? A mesma resposta e dois resultados opostos?

- O primeiro viu, viveu, sentiu, sofreu e decidiu "com todas as **forças**" que NÃO seria como o pai e poderia superá-lo. VENCEU.

- O segundo viu, viveu, sentiu, sofreu e decidiu "com todas as **forças**" que seria como o pai, pois NÃO poderia superá-lo. VENCEU.

Note que escrevi para os dois a palavra "venceu". Claro, ambos venceram porque alcançaram o que escolheram para si mesmos. Os dois passaram a vida acreditando nas próprias crenças e apresentando ao mundo o que acreditavam. Veja também que negritei "**força**". Porque a força é a mesma, para um lado ou para o outro. Há muita força em nós.

E você, leitor, acredita em quê? Quer mostrar o quê? Já prestou atenção no que crê para si mesmo e qual caminho escolheu trilhar? Para onde irá direcionar a força que já existe em você. Por que você acha que "Star Wars" repete em todos os filmes *A força está com você*"? Brincadeira de cinema? – Há muita verdade ali. O universo encontra caminhos para te ajudar. Basta abrir os olhos, acreditar e sorrir mais, mais, mais..., e ainda ser feliz com o que já possui para a vida.

– Lembre-se sempre: o pensamento que guia a mente é mais importante que a inteligência. É urgente rever nossas crenças e avaliar para onde elas estão nos levando. Você é muito mais forte do que imagina.

O PENSAMENTO QUE GUIA A MENTE É MAIS IMPORTANTE QUE A INTELIGÊNCIA

Tetraplégico é alguém que perde todos os movimentos do corpo por uma lesão de medula cervical e passa a precisar de ajuda para tudo, menos para pensar. Isto é com ele. Certo dia um deles surpreendeu o pai que o visitava quando disse que se sentia muito feliz, afinal, o acidente rompeu a medula, não a capacidade para pensar, amar e sorrir. Ele sabia que não poderia mais andar, correr, nadar..., contudo, vivia momentos incríveis de imaginação em torno das pessoas que amava. Os músculos da face e do sorriso estavam até melhores que antes. Algumas vezes ficava triste, mas sabia que era por besteiras e logo passaria, porque o que mais valia era o amor e a gratidão por seu pai e família estarem todos com ele, ali ou mesmo apenas em pensamento. "A vida possui o significado que escolho dar para ela", finalizou. Vida em estado de gratidão.

Essa história me fez lembrar de Victor Frankl, como descrevi um pouco mais no livro SUPERCONSCIÊNCIA, VISÃO E FUTURO, verdade? Num campo de concentração e "pensando" como estaria no

72 SONHOS, DESAFIOS E EXPECTATIVAS

futuro, livre e feliz. Na verdade, nós produzimos nossas próprias cadeiras de rodas e campos de concentração ou podemos escolher a liberdade para voar até as estrelas. Temos o poder de nos livrar dos pensamentos ruins mesmo quando não há como escapar da dor. Este "mesmo que não seja possível escapar da dor" é para você parar aqui por um momento e pensar bastante. Nada é impossível para as escolhas dos seus pensamentos.

Outra historinha interessante:

- Uma funcionária, uma senhora de mais idade, estava varrendo um Hangar na NASA quando o então presidente dos Estados Unidos da América chegou. John F. Kennedy. Ele a cumprimentou com um aceno ao passar por ela, porém, decidiu parar e perguntar: – "Bom-dia! O que a Senhora está fazendo"? É verdade, ela poderia ter respondido uma quantidade enorme de coisas ou até se calar, envergonhada pela pergunta tola e protocolar de um presidente. No entanto, ela ergueu a coluna, sorriu para ele e para toda a comitiva e respondeu: – "ESTOU AJUDANDO A LEVAR UM HOME À LUA".

A resposta e a coluna ereta daquela senhora servem para mostrar para mim e para você a única coisa que precisamos ter a cada minuto da vida: ATITUDE. Contudo, lembre-se! Atitude é resultado da força do nosso pensamento. Note! Era atitude, não arrogância.

Deixe-me contar mais um momento especial em minha vida.

Em 2011 decidi estudar Direito. Certo dia fui convidado a participar – como ouvinte – de um Congresso Internacional pela Paz. Aproximava-se o verão e eu de carro a caminho quando vi algumas pessoas na calçada. Já anoitecia naquele lindo final de tarde e eles todos em volta de uma pequena churrasqueira. Parei para perguntar se eu estava próximo do endereço, meu destino. Imediatamente uma senhora de mais idade levantou-se e aproximou-se da janela do carro para responder minha questão.

Enquanto ela falava observei que estavam sentados em três bancos simples, pequenas toras de madeira, uns de frente para os outros. Vi ali um idoso, provavelmente o marido dela, um casal de meia-idade e um jovem casal, a moça com um nenê nos braços. E, no meio deles, uma pequena e bem rudimentar churrasqueira com algumas linguiças brilhando e estalando sobre o fogo, pilotado pelo senhor de meia-idade. Uma família, quatro gerações em torno do alimento e da serenidade.

Olhando aquela cena, naquele entardecer, assim que a senhora parou de me explicar, olhei para ela e disse: – "Daria tudo para esquecer meu congresso e ficar aqui com vocês"! Imediatamente ela pegou no trinco da porta para abrir, o marido dela se levantou e veio sorrindo e todos passaram a falar e me convidar para ficar com eles.

Eu estava a caminho de um congresso sobre a Paz. Perguntei a mim mesmo, será que não é aqui?

- Agradeci muito, me despedi e segui para o evento.

Ao que interessa neste capítulo:

- Minha crença, minha mente "fechada" não me permitia abertura naquele momento. Eu "precisava" estar naquele congresso. Precisava nada! O que será que a gente "tanto precisa", acredita que, pensa que...?

- A crença "daquela família" não me permitiria sair dali sem ao menos aceitar uma linguiça enrolada em um papel de bar, oferecida com carinho e entregue por aquela senhora. Crença na "confiança" em um estranho que para o carro, sabe-se lá de onde ele vem, crença na "solidez e segurança" que mantinha aquelas quatro gerações unidas. Que força é essa que ainda resiste em uma época como a nossa na qual a "crença no divórcio" está se tornando mais libertadora do que a "crença no amor e partilha"? Precisamos nos sentar mais e comer linguiças com quem amamos, e também com quem acabamos de conhecer nos belos entardeceres da vida. Precisamos nos sentir mais sólidos, seguros.

Eu também aprendi a acreditar nos outros. E, assim como aquela família, eu e eles acreditamos muito em você.

Claro que é preciso algum cuidado em um mundo onde tantas mentalidades são formadas na dor e as reações fortes e violentas não podem ser toleradas, contudo, ainda acredito que a quase totalidade das pessoas na Terra é boa, como demonstrou o coração daquelas ao redor da chama e do alimento. Outras não são de fato más, apenas não estão bem porque não aprenderam e não sabem como pensar de um modo melhor e, portanto, têm dificuldades para se expressar e agir de maneira mais adequada. Será que um auxílio (de anjos) poderia mudar tudo. É o que acredita o Programa SUPERCONSCIÊNCIA/ FAMÍLIA DO FUTURO.

Sobram ainda poucos nos quais a construção da mente foi duramente danificada e os maus pensamentos e comportamentos imperam. Esses talvez não tenham cura, mas ainda precisam dos nossos limites, entendimento e compaixão.

Amor e confiança são a chave para nosso melhor destino, se um dia quisermos viver verdadeira paz.

Para encerrar este capítulo: "O maior desejo de um povo não é enriquecer, mas ter segurança e garantias dessa segurança. Afinal, afeto e relacionamentos bons não são comprados com dinheiro".

- Mais adiante vou explicar de modo muito simples o que se passa em nosso cérebro consciente e inconsciente e depois em nossas células para que aconteça aquilo que desejamos e acreditamos.

Capítulo **VII**

PENSE BEM, PENSE MELHOR, PENSE MAIS

É urgente ensinar os filhos a importância do "pensar". Isto é, ajudá-los para que escolham melhor os pensamentos e vigiem aquilo que "acreditam". E só existe uma maneira de fazer isso: precisamos antes aprender. Afinal, "como ensinar o que não sei"?

Se eu aprender um modo melhor de pensar e sempre aplicar em minha vida, basta, porque o resto eles aprendem olhando para a gente, conversando, questionando, imitando...

A vida faz o caminho, é verdade, mas não faz sozinha, a cada dia nossas escolhas e ações vão dando forma e é preciso reconhecer quando há problemas no modo de pensar, as dificuldades em nossa mentalidade, e precisamos ter coragem suficiente para mudar crenças negativas, que ferem a nós mesmos, a quem amamos e a todos. Uma a uma. Vigie, ore!

Um dia me senti muito angustiado. Era bem jovem e não sabia avaliar o que se passava em meu peito, mas doía. Aquilo já vinha há um bom tempo e percebi que precisava de ajuda. Por indicação de um conhecido eu mesmo marquei uma consulta com um psiquiatra. Iniciei uma série semanal de atendimentos até que um dia, após minha queixa e os habituais relatos daquela semana, ele me mostrou que a vida é como uma construção de palitinhos, desde a base. A cada dia, vamos colocando um palito aqui, outro ali, como lenhas em uma fogueira. À medida que o tempo passa, essa construção fica cada vez mais alta. Se está tudo bem, a vida em equilíbrio, a pilha de palitos permanecerá relativamente estável, claro, nada é perfeito, mas eles estão bem-posicionados e pequenas dores serão apenas eventuais, mesmo com pro-

76 SONHOS, DESAFIOS E EXPECTATIVAS

blemas maiores. Mas, se alguns deles foram colocados "meio errado", seja proposital ou não (inconsciente), a pilha começa a pender para um lado, entortar cada vez mais e a sensação será desagradável – a dor no peito é inevitável.

Ele seguiu dizendo – e eu absolutamente atento – que uma das nossas maiores funções na vida não é permanecer reclamando da dor que incomoda, esperando por um milagre para se livrar dela. A saída é olhar para a base, observar a posição dos palitos colocados e "tirar um dali e experimentar aqui, puxar outro um pouco mais para o lado, empurrar menos..." isto é, corrigir o que está errado. E a partir desse reequilíbrio começar a prestar mais atenção nos novos, parte das escolhas de cada dia. Isto é, faça a coisa certa e observe paz em seu coração.

Encerrei minha terapia naquele dia. Foram apenas três meses e dei alta a mim mesmo. Entendi que precisava aprender a pensar e que cabiam a mim a construção e as correções. Naquele dia também aprendi que sempre que precisasse da ajuda de um psicólogo, um terapeuta, a ação seria bater na porta, entrar e falar assim: "Você pode me ajudar a pensar? Não estou conseguindo entender algumas coisas neste momento e...". Pronto! Duas a três sessões bastam para uma pessoa preparada "te ajudar a pensar" ..., "desde que você queira aprender e aceitar".

Pensar bem, pensar melhor, pensar mais sobre tudo, e, principalmente, pensar antes "de colocar palitos na estrutura da vida – da mentalidade". De nada adianta passar (perder) anos em terapia apenas "reclamando da vida e dos outros". Dos pais, do marido/esposa, filhos, desses, daqueles... E fugir do pensar.

Descobri que "a posição dos palitos" em minha cabeça só depende de mim. Que precisava entrar em ação para a construção da minha felicidade. Reiniciei ali o jogo da vida, colocando novos, reposicionando palitinhos "usados" ... e a dor foi sendo domada ao longo do tempo.

Um dado muito importante é que pais e filhos constroem juntos uma mentalidade, estamos todos em processo e "os palitos" precisam ser bem-posicionados para ambos. Pais também aprendem muito com os filhos. Eles também estão em processo. Só chegaram antes e já passaram por muitas coisas. Eles têm as histórias deles.

Um ponto fundamental: se não temos mais os pais com a gente: 1. Eles permanecem em cada célula do nosso corpo, temos o código genético deles, lembra? 2. Temos os outros para olhar como funcionam e como nós reagimos a eles, e aprendemos (se estivermos abertos para "apreender" a vida). 3. Há sempre um espelho perto de nós para olharmos e sermos capazes de sorrir quando vemos a quantidade de força, futuro e amor em nós.

Lembre-se que a inteligência daqueles gêmeos "de sucesso e fracasso" era igual. A interpretação, a crença, a "verdade" de cada um, diferente. Permaneceram presos a uma verdade relativa, o que definiu todo o curso da vida de cada um. Não precisamos ficar presos a um só pensamento. Vigie!

Então, vamos lá!

Estamos rigidamente aprisionados à nossa mente ou podemos aprender a pensar – crescer, evoluir, construir autonomia, decidir ser... diferente do que "estamos", e descobrir que não "somos", não precisamos "ser" problemas e "viver" dificuldades para sempre?

Podemos mudar mesmo quando acreditamos que não devemos, não podemos, não conseguiremos, não merecemos e "por isso" não venceremos. Aceite! O futuro não existe ainda. Comece a desenhá-lo hoje. Faça! Acredite no melhor para você.

Estou sendo insistente (e chato) neste ponto por tamanha importância dele para a nossa vida. Porque o pensamento se materializa. Então, quais crenças te controlam?

- Por que acha que não pode e, mesmo tentando, não irá conseguir?

- Quais as histórias do passado que hoje estão por trás de crenças negativas, caso você as tenha e viva cada dia em função delas?

A gente nem sabe que tem, apenas agimos por muito, muito tempo, e somos dominados e levados por elas. Por isso um terapeuta busca descobrir e tenta fazer você ressignificar e assumir novas escolhas, assim como todo o Programa SUPERCONSCIÊNCIA/FAMÍLIA DO FUTURO.

Então, conta lá, não para mim, mas para você mesmo em seu espelho, ou pergunte para alguém que te ama, quais são as suas histórias de vida e crenças infantilmente construídas? O não pode! É proibido! É feio! Não deve! O que os outros irão pensar? Bem! Nem tudo a gente pode nem deve mesmo, no entanto, muitas vezes são apenas crenças aprendidas e precisam no mínimo serem "pensadas".

78 SONHOS, DESAFIOS E EXPECTATIVAS

Como você está hoje? Por que está assim? Alguma dor no peito? Em nossas histórias estão as respostas geradoras da maioria dos problemas. Angústias, medos, mitos familiares, conceitos, preconceitos..., certezas – este, para mim, é o maior de todos os males: AS CERTEZAS.

Algumas vezes e por diversos motivos nos posicionamos como VÍTIMAS da sociedade, da família, dos pais, esposa, marido, filhos... até o cachorro leva a culpa por "coisas que não dão certo com a gente". Nunca nós mesmos. Outras vezes, apoiamo-nos em GANHOS SECUNDÁRIOS para a tomada de decisões, isto é, como exemplo, eu fico dodói porque desse modo recebo maior atenção para mim (para a minha baixa autoestima), ganho colo, carinho, pena...! Imaturidade.

O problema desses dois modelos, a vitimização e o ganho secundário, é que geralmente são armadilhas que caímos em nossa própria história, não enxergamos. Às vezes até desconfiamos, tamanha insensatez, e enquanto não houver um movimento forte para nos ajudar NÃO SAÍMOS DO LUGAR. Limites e confiança no amor são fundamentais.

Lembro muito bem, eu devia ter por volta de 5 anos de idade, e me sentei chorando na escada da minha casa e minha mãe nem dava bola. Não recordo o que fiz, o que aconteceu, mas recordo até da minha posição corporal encolhida, sentado nos degraus, não tinha mais lágrimas e seguia "chorando", esperando para que ela viesse até onde eu estava. Normal! Para 5 anos de idade! Porém, não poucas vezes vejo gente grande agindo de modo semelhante. E saiba, geralmente um hábito arraigado que nem percebemos. "Palitos colocados em posição errada".

Nosso cérebro repete, repete, repete porque aprendeu essa estratégia para ganhar algo (que já não precisa mais). E não muda porque às vezes consegue resultado com pessoas que não têm coragem de agir firme como a minha mãe. Ela não deu bola, o que me forçou a parar de chorar e seguir adiante. Ela confiava no amor. A boa certeza permite limites e outras tantas linguagens de amor e vida. Ali ela me ensinou e eu aprendi.

As piores certezas nos trazem problemas e são geralmente as mais difíceis de resolver.

- Medo de errar.

O erro gera frustração, vergonha, faz se sentir ridículo na frente dos outros. – *"Ah! Os outros, como o mundo seria bom se eles não existissem"*! Frase de José Ângelo Gaiarsa, grande psiquiatra brasileiro.

Sofremos porque acreditamos que as pessoas vivem para nos criticar, avaliar, julgar – ufa, que medo dos outros. Crença errada. Tem tratamento?

- Sim! "Pense melhor" que aos poucos some o medo. Afinal, muitas pessoas de fato criticam, avaliam, julgam... (inclusive eu), mas, porque elas estão fracas e pequenas. Se você está forte e maior, acredita, compreende, ressignifica e faz novas escolhas. Não consigo ser forte o tempo todo. Mas, aprendi a caminhar "vigiando".

Um parágrafo entre aspas porque cabe comentar aqui: às vezes pessoas próximas a mim dizem que eu desenvolvo um lindo Programa sobre comportamento, dou palestras, escrevo livros e... às vezes erro feio. É interessante isso, verdade? Eu respondo de modo simples e tranquilo: "Eu também estou em processo, me experimentando, tentando, acertando e errando...". Se autores, escritores, famosos não falarem sobre si mesmos (e não falam) parece que são heróis e não sofrem com nada. Não apenas psicólogos e psiquiatras, mas cada "famoso de capas de revistas". Acredite, a dor é pandêmica, o que muda são as formas com que encaramos a vida. A dor segue seu próprio trabalho, forjando almas. E a sacada é aprender a admirar essa aventura e corrigir crenças.

FANTASIAS PRECISAM SER TRABALHADAS IMEDIATAMENTE

Pense melhor que você conserta crenças como essas:

- Curar o medo de ser posto de lado. Esse talvez seja um medo sedimentado desde muito tempo em nossa genética, o medo de ser deixado para trás nos caminhos de um passado nômade, não sendo mais aceito e largado "para morrer". Um comportamento natural de defesa para o grupo em um mundo de escassez, por não ser mais possível sustentar um velho ou doente.

- Medo de si mesmo, medo infantil da perda, ainda do abandono, agora caso eu não seja "bom o suficiente" para ser "permitido" aceito nessa sociedade, nesse grupo de amigos, mesmo em minha família.

80 SONHOS, DESAFIOS E EXPECTATIVAS

Quantas pessoas começam a usar drogas apenas para se sentirem aceitos naquele grupo que infelizmente usa, não apenas drogas, mas comportamentos disfuncionais? Muitos apenas presos na mesma crença e não queriam estar ali de verdade. Só desejavam pertencer.

Deixe-me falar sobre um medo especial:

- Medo de falar em público. Quem não tem..., quem não teve um dia? Eu tinha, muito. "Morria de medo" quando precisava falar na frente de outras pessoas, até mesmo conhecidos, em uma situação pública, aberta, que estranhos pudessem ouvir (e julgar).

Eu fugia sempre que podia, negava..., fingia de morto, me escondia, ia embora..., sofria em qualquer ocasião que pudesse ser exposto na posição de "diga alguma coisa". Uma história de vida carregada por um pensamento ruim e uma péssima autoestima. Administrava o que podia e "ficava na minha". Mas, sempre surge alguém (chato) que pede para você falar alguma coisa, verdade? Não há como escapar. Para mim, é Deus empurrando (e torcendo) para você "desencalhar".

Minha mãe adorava me ver tocar violão, e eu tocava desde os 5 anos de idade, mas, odiava ouvir aquela frase: – "Filho! Traz o violão para tocar para a tia que veio nos visitar!". O fato é que eu não fugia do chamado, ia, arrastado, mas ia. Eu sabia que não podia ficar "parado". Algo em mim me dizia que eu devia superar aquele grande incômodo, que eu nem sabia de onde surgia.

Certa vez eu estava auxiliando uma cirurgia, como estudante, e um médico entrou na sala apenas para me fazer um convite. Tocar minhas músicas em um show no Teatro Paiol, em minha cidade. Sim, eu compunha e aceitei. Convidei um grupo para conhecerem e ensaiarem comigo. Baterista, baixista, um segundo violão e duas cantoras. Suficiente para o que eu queria. Eu sabia a encrenca emocional que estava me metendo.

Chega o grande dia. Lembro-me de que uma organizadora no teatro chegou ao meu lado e me acompanhou até a entrada do palco, atrás das cortinas. Ali ela disse que eu esperasse um sinal e no terceiro entrasse. Naquele momento, e de onde eu estava, dava para ver por uma janela meu carro estacionado do outro lado da rua. Sim! Me deu uma vontade imensa de fugir dali... e é nesta hora que você pensa:

- "O que 'queu tô' fazendo aqui"?

Ouço os três sinais e subo ao palco. Sento-me no banquinho que me aguardava, dou "uma" batidinha no microfone para certificar que estava ligado, olho para os lados e vejo que os outros componentes da "banda" estão todos aguardando eu começar. E começo.

Termino a primeira música, digo obrigado, nem sei para quem, vem a segunda, a terceira..., e foi assim até a última. Quando encerrei, disse mais uma vez obrigado, levantei-me e saí, eu e meu violão.

Muita gente me cumprimentando e não vi. Estava "congelado" no tempo. Somente depois que me mostraram a gravação do show em uma fita k7 (coisas da época) que pude ouvir as músicas que toquei, os aplausos, cada vez que terminava uma delas, e um entusiasmo incrível com palmas acompanhando o ritmo final da última música. Dizem que foi minha mãe que iniciou os aplausos, vibração que favoreceu demais o caminho alegre da última música, e todos a seguiram. Estava tudo na gravação, os gritos, todos cantavam comigo e até um grito maior que reconheci ser de uma das minhas irmãs, queridas, as três. Estavam todos lá, estava tudo lá. Apenas eu não via nada. Eu não estava lá. Não consegui "estar lá". Eu estava com medo.

Anos mais tarde, eu, médico já há algum tempo, ao terminar mais uma consulta habitual, fui interpelado pela paciente:

- "Dr. Jacyr, posso lhe pedir uma coisa"?

- "Sim, claro"!

- Precisamos de um médico para dar curso de noivos para nossa Igreja..., você topa?

Capítulo **VIII**

O MEDO A
SER ENFRENTADO

Claro que eu não pensava aceitar àquele convite "terrível e ameaçador" daquela senhora, para "dar palestras" em um curso de noivos, enquanto engolia em seco e elaborava uma justificativa a ser oferecida como resposta. Precisava ser rápido.

Uma parte em mim negava veementemente, outra dentro do meu coração dizia-me sem parar: "Que oportunidade para superar essa agonia e me libertar desse freio da vergonha para a vida".

Eu sabia da dor que sofreria caso aceitasse, por todos os momentos dali para a frente, no entanto, também tinha certeza de que havia em minha história muita coisa boa para contar, ajudar as pessoas a pensarem melhor sobre tudo, eu mesmo aprenderia muito, um futuro novo para conhecer e precisava finalmente assumir minha vida com uma nova atitude aqui, agora, no presente. Sim, o *Presente*, um lugar no tempo e espaço no qual tomamos as nossas decisões. Talvez por isso mesmo chamamos de "Presente".

Presente é um lindo pacote que abrimos para nós mesmos e, de quebra, oferecemos "nós, melhores" para o mundo, para o Universo e para Deus.

- "Sim"! Exclamei, provavelmente com a voz trêmula pela verdadeira vontade primitiva de fugir daquela situação!

- "Sim, será um prazer". E completei: "Quando começamos"?

- Grande mentiroso! Pensava em mim mesmo o tempo todo.

Será um prazer? Foi uma das melhores inverdades que suportei em minha vida. Sim, houve outras que também me fizeram dar passos gigantescos à frente. Mentiras do bem que precisamos contar a nós mesmos e insistir até acreditarmos nelas.

82

REPITA *(10x)*: MENTIRAS DO BEM QUE PRECISAMOS CONTAR A NÓS MESMOS E INSISTIR ATÉ ACREDITARMOS NELAS

Sim! Na maioria das vezes somos capazes de muitas coisas, mas temos certeza de que não somos. Acreditando na mentira do bem, a certeza do medo diminui até desaparecer e o "somos capazes" se torna a única gigante verdade. Com o "pensar no assunto" inicia-se um processo, não é mágica, nem funcionará do dia para noite. Requer tempo para...

Esta história aconteceu e eu tinha 32 anos de idade, era o ano de 1992. Na medicina eu já teria naquela data muita coisa para contar por minha experiência com as pessoas, imagine na vida?

Só sei o que passei, enfrentei medos, expectativas, vontade de desistir, mas também sonhos, esperança e sensações de realização.

Na primeira vez no curso de noivos escrevi com giz em um quadro negro os tópicos que iria desenvolver. Não sei como comecei, nem como tudo acabou. Só sei que suava muito e terminei o curso encharcado. Palpitação, taquipneia, sudorese, tremores, boca seca, náuseas, diarreia, desconcentração... medo. Você é um homem grandão (uma mulher), sabe disso, mas seu cérebro primitivo não... e faz tudo para você fugir.

Às vezes a caminho do curso eu telefonava para minha mãe contando o que estava para fazer e pedia para que ela rezasse por mim. Mesmo eu já sendo um "homão", ali estava uma criança com medo (chorando na escada da casa de infância e esperando pela tenra voz da mãe).

Bem, mesmo hoje com minha mãe no céu, já longe de todos nós, ligo para ela algumas vezes, converso com ela como sempre fiz, e agradeço a vida que me proporcionou..., e as orações que fez por mim.

Bem, essa é outra história, mas ajudou-me muito a seguir adiante.

É verdade, apoio sempre é bem-vindo, porém a grande sacada é que aos poucos nosso cérebro primitivo vai perdendo o medo. Ele é convencido por meio dos nossos esforços, repetições e a própria experiência que não está mais em perigo..., e nunca esteve. Isso mesmo, medo é defesa, medo faz desejar sair de uma situação de risco.

84 SONHOS, DESAFIOS E EXPECTATIVAS

Fugir ou lutar. Mesmo que racionalmente você saiba que está tudo bem, nosso cérebro emocional diz assim "Ah! Tá! Conte essa para outro.

Precisamos aprender a fugir, escapar, desistir das categorias emocionais de 'algo ruim' sempre vai acontecer se...".

Parece que o cérebro primitivo tem vida própria (e tem). Parece que ele comanda nossas decisões (e comanda, e o faz muito bem no papel de nos proteger). Por isso mesmo precisa ser "domado pelo comando central", você. Ele às vezes mais parece uma mãe frágil que não quer que você saia para o mundo, para não se machucar, e acaba machucando muito mais com a "paralisia".

Mesmo explicações básicas usuais que as pessoas dizem como, no caso, "que você sabe mais que a plateia"; "que está tudo bem"; "que as pessoas estão lá para te ouvir", "que admiram você" ... Eu mesmo sempre lia as críticas que deixavam por escrito e as avaliações eram extremamente positivas... pouco adianta. Você não escuta! Ali você é um animal irracional apavorado tentando escapar, literalmente sem pensar. O racional escuta, até entende, aceita, o cérebro primitivo não.

Sim, primitivo não pensa, age só para te proteger, para você sobreviver. Uma mentalidade pré-formada de modo equivocado durante sua história está na direção errada. É preciso "desprogramar" e escrever um novo algoritmo (do bem). Está preparado para saber como?

- Como perder o medo, como domar nossa irracional defesa?

- Para qualquer coisa, lembre-se sempre do domador de leões e qualquer outra situação que venha à sua mente?

- "Vai lá e faz de novo"; "Vai lá e faz de novo"; "Vai lá e faz de novo".

Repetir sempre até você mesmo se convencer que... está tudo bem.

> **O MEDO SÓ É SUPERADO NA REPETIÇÃO**
> **MÚLTIPLA DA AÇÃO QUE O GERA**

Vai passar vergonha? Passe! Vai errar? Erre! Permita-se sentir vergonha, errar, sentiu e errou porque fez, melhor do que não ter tentado. Errou e dessa maneira irá aprender. A vergonha irá passar. E acredite, vai acertar muito mais que errar.

Erros serão eventuais e até interessantes, porque as pessoas adoram autenticidade, saber que ali no palco há um ser humano normal como eles. E admiram sua capacidade para estar ali. Será que nos permitimos aprender? É preciso dar permissão a si mesmo para aprender e crescer. Dificuldades impõem a criação de soluções. Dói começar, eu sei.

E por aceitar aquele convite (e muitos outros) a direção da minha vida mudou. É verdade, aceitar convites é um grande passo... A partir dali foram centenas de falas também em congressos médicos (e não médicos); participação de diretorias na especialidade médica e fora dela, até hoje, reuniões, encontros e um número de palestras, conferências, que já nem sei.

E hoje estou aqui escrevendo este livro para você, parte de um Programa muito maior: SUPERCONSCIÊNCIA/FAMÍLIA DO FUTURO, nascido e fruto de cada decisão que tomei em minha vida.

Aquele homem extremamente tímido naquele consultório de ginecologia e obstetrícia, no palco do Teatro Paiol e em tantas outras situações, não desapareceu, sigo a mesma pessoa temerosa, cuidadosa, curiosa, interessada em ajudar... contudo, hoje, tremendamente mais forte. E inspirar você a ser mais forte e feliz é meu infinito desejo.

Capítulo **IX**

SEMPRE HAVERÁ UM TRAMPOLIM

Sim! Vamos agir. Por outro lado, descansar, recuar um pouco é sabedoria estratégica que algumas vezes se impõe. Com frequência é necessário parar um pouco, como que para restabelecer emoções e estratégias. Acredite! O universo sabe ajudar você no caminho e às vezes ele mesmo freia seu ímpeto, mas nunca o aprendizado. Contudo, devemos estar muito atentos porque parar "para descansar" pode ser uma desculpa nossa, mais uma fuga, não muito consciente.

E..., frequentemente pensamos em desistir.

Curioso. Eu já pensei em desistir de meus projetos algumas vezes. E talvez isso eu conte apenas para mim e para mais alguns, não para todos, no entanto, sempre notava que quando surgia essa baixa energia era uma sensação momentânea e depois, com o passar do tempo (pouco tempo), cada vez que ela aparecia eu sorria porque já sabia que bastava uma noite de sono e lá estava eu na manhã seguinte novamente com toda carga.

Sempre que conto sobre desistir, lembro-me da história que presenciei em um trampolim. Não apenas pela questão de desistir ou não, mas da sempre presença de mais um anjo, no caso desta história um pai, que soube o que fazer com o filho apavorado diante de um novo desafio, uma dificuldade nunca enfrentada. Coisas da infância, medos normais que merecem ser bem trabalhados. Inspiração para seguirmos adiante.

Cheguei cedo na piscina do clube que eu frequentava. Encontrei facilmente uma espreguiçadeira próxima da água, pois ainda havia muita pouca gente àquela hora de início de verão.

Mesmo assim, fiquei estrategicamente perto de uma árvore para estar protegido mais tarde do Sol, que prometia crescer ainda mais e dificultar a leitura do livro que eu pretendia terminar naquela manhã.

Não demorou muito e chegaram muitas crianças correndo, gritando e pulando para dentro d'água.

Havia uma plataforma de saltos logo à minha frente e rapidamente formou-se uma fila de meninos e meninas subindo pelas escadas, dois lances, até chegar ao topo, e um trampolim que avançava sobre aquela bela piscina, há bons metros de altura.

Não teve outro jeito, parei minha leitura para observar os saltos frenéticos e toda aquela ruidosa e animada alegria.

Em certo momento, surge um menino, franzino, pequenininho, subindo as escadas da primeira plataforma. Pensei que ele iria se lançar dali para a água. Mas, não. Sem interromper seus pequenos e rápidos passos, e imitando os maiores, avançou sobre os degraus da escada que o levaria até a segunda plataforma e, cheio de risos, chegou lá no alto. Bem no alto. Estava radiante por tanta alegria.

Olhou para um lado, para o outro, e seguiu firmemente subindo e avançando pelo trampolim até o ponto final. Atitude de um Deus grego, bem, corrigindo, um filhote, projeto de Deus.

Parou, olhou, hesitou, desistiu.

Muitos de nós sabemos que a altura observada desde baixo, no solo, até o topo de uma plataforma de saltos é diferente de quando você está visualizando lá de cima. Debaixo, você olha da sua altura até o piso da plataforma (x metros). De lá você olha desde a altura de seus olhos até o fundo da piscina, o que parece significativamente maior (x + y metros).

Voltando ao menino.

Quando ele pensou desistir e retornar, deu-se conta de que já havia uma fila de crianças impedindo o caminho da volta. Não havia como escapar. E crianças não perdoam... querendo saltar, logo começaram em coro gritar: – "Pula, pula, pula...".

E eu vendo tudo lá de baixo, deitado tranquilamente em minha "sombra", curioso para saber como se resolveria o impasse. Rápido, ao mesmo tempo caminhando com tranquilidade e lentamente, aproxima-se da borda da piscina o pai do menino.

88 SONHOS, DESAFIOS E EXPECTATIVAS

- "Filho! Você está com medo"?

- "Sim". Disse e balançou a cabeça mostrando que queria desistir.

- "Filho. Compreendo que está com medo, e se quiser pode desistir. Mas, seu pai está aqui. Confie e pule, você vai gostar".

O menino balançou negativamente a cabeça mais uma vez. E seu pai além de repetir o que disse, ainda acrescentou:

- "Filho. Eu estou aqui com você. Eu sei que você pode. E você também sabe disso, apenas está com medo e eu compreendo e aceito seu medo. É normal ter medo. Confie. Pule, será divertido".

E o menino, em um só movimento, saltou.

A velocidade que ele caiu na água foi a mesma que pulou para fora, abraçou o pai com uma alegria imensa e voltou correndo para as escadas. Pulou mais umas centenas de vezes, sempre sob os olhos daquele pai que sorria animado, provavelmente com muito orgulho e vendo a si mesmo na pele daquele filho.

Faça, pule, aconteça!

Enfrente, experiencie, "vai lá e faz de novo", aprenda...

Qual será a atitude dessa criança, quando então adulto, diante dos desafios que a vida irá sempre apresentar?

Vai desistir ou vai "pular" com toda energia e confiança, o coração batendo cada vez mais forte e sob a sombra de um poderoso Pai tocando os ombros dela?

E nós?

- Quando aquela senhora me convidou para falar em público, correu em mim, mesmo já grandão, as mesmas sensações que passaram naquele menino à beira do "precipício", na piscina. Emoções primitivas de preservação. Das tantas vezes que eu não devo ter "saltado" lá atrás em desafios da minha história e me deixaram marcado com muito receio da vida, frustrações e baixa autoestima. Sem apoio. Somos a nossa história, mesclada em escolhas e decisões.

O menino teve o apoio do pai.

Muitas vezes nós ainda crianças, jovens ou adultos precisamos sozinhos decidir apoiar a nós mesmos. Mesmo sem ninguém para nos ajudar... então, Deus diz para a gente:

- "Vai, pule, confie, chegou sua hora de viver em alegria. Você pode, você merece. Sou seu Pai. Eu acredito em você"!

"Persistência e apoio no momento certo".

Outro dia li uma reportagem que contava a história de outro jovem que também em uma piscina levou um mês para conseguir saltar. Ele subia na plataforma, olhava a altura e desistia. Até que um anjo, um amigo, com paciência conseguiu convencê-lo de que ele podia, era capaz. Esse jovem tornou-se mais tarde campeão mundial de salto.

Há sempre uma equação formada por estes elementos: medo, estímulo, necessidade, apoio e o grande "salto" em direção ao seu futuro.

Esse salto é uma decisão. Há sempre uma escolha por trás da vitória. Desistir e aceitar não crescer é caminhar para trás. A decisão será sempre sua, mas é bom saber que sempre haverá um anjo por perto.

E você, hoje? Será o anjo de quem?

Somente mais um FATO para ser lembrado: todos nós somos anjos uns dos outros. E podemos ser ainda mais se atentarmos para isso.

Para quem você mais deseja ser Anjo?

Capítulo **X**

Sonhos, Profissão e Família

Um sonho é um projeto de vida profissional ou familiar?

- Independente de qual seja seu sonho ele sempre será um projeto pessoal. Afinal, profissão e família são sonhos "seus" a serem realizados com todo o cuidado que você, "eles, os sonhos" e o universo merecem.

Algumas regras básicas são imprescindíveis observar:

Número 1. Sempre há de existir muito cuidado em um <u>equilíbrio possível entre dar e receber</u>. Entre o fato de você "entregar" boa parte do seu tempo, recursos, pensamentos, alma e coração e ser capaz de "perceber o retorno desses investimentos", isto é, boa parte de matéria e energia existente nas pessoas, no ambiente e no universo, luz e amor suficientes para manter fortes sua paz, energia e direção.

Observo não poucas pessoas aí fora, no mundo, atuando em belíssimas atividades, dando muito, muito, muito de si. Tempo, trabalho, esforço e dedicação. Não é difícil perceber o quanto a maioria está cansada, muitas vezes esgotada, doente..., triste. Só pensam em "dar" de si.

Muitas pessoas esquecem delas mesmas. Agem sem terem combinado com as razões do universo. Algumas dizem "conversar" com Deus, até todos os dias. Mas, não prestam atenção na conversa.

Oram, oram, oram ligadas ao medo, por medo, e, geralmente, nos piores momentos de medo, desviando sempre a atenção do principal, os propósitos de Deus, do universo Dele, o poder gigante das próprias decisões, e a grande capacidade que já existe em si mesmas.

Não reconhecem o autopoder, luz, dignidade e tantos talentos. Não encaram o próprio reflexo de amor no espelho, não assumem o que devem fazer para elas, descuidam dos problemas que possuem, com enorme receio de atuar positivamente sobre a vida que carregam e mergulham fundo, algumas vezes para somente auxiliar a vida dos outros.

"Adoram" ajudar os outros. Ações nobres e muito bem-vindas se não carregassem pesadas cargas pelos desvios de objetivos da própria natureza, esta que se coloca aberta e bela para todos e sabe muito bem dar e receber.

De certo modo, podemos dizer que se escondem dos problemas em casa para "consertar" os problemas nas casas dos vizinhos. Ajudam o próximo e esquecem marido, esposa, filhos, pais... Não fazem porque querem, é inconsciente. Na verdade, não sabem o que fazer.

Receber um sorriso em troca, em agradecimento de alguém que necessita geralmente de tudo neste mundo é muito bom, mas, acredite, não basta. Precisamos "comer para manter energia". Necessitamos ganhar do universo, da vida e dos outros muito mais do que imaginamos merecer, para poder depois repartir. É preciso cuidar do todo e não se trata de egoísmo, este só acontece quando nada quer dar e apenas receber. Isso também é imaturidade e medo e essas pessoas merecem e precisam de ajuda. Mas, insisto, o ponto aqui é te convencer que você é merecedor do mundo, para se tornar capaz de "dar em troca" e alcançar seus sonhos de uma maneira saudável e verdadeira.

Acorde!

"Você é a pessoa mais importante do universo".

E Deus sorri para isso. É o que Ele quer que você saiba.

Até igrejas precisam de dinheiro, instrumentos e templos. Por que você não precisaria de recursos materiais e casa para viver em segurança, conforto e relacionamentos de afeto?

Há um equívoco, a meu ver, em algumas leituras mesmo religiosas sobre doação. Lindo dizer que devo doar até o que não tenho, porém pode ser suicídio de energia e equilíbrio, uma hora acaba, e se eu não pensar no meu próprio reabastecimento não conseguirei doar mais nada.

Isso é inteligente?

92 SONHOS, DESAFIOS E EXPECTATIVAS

Jesus é o máximo em doação, mas a Bíblia repete a todo momento o que Deus dará "em troca", devolverá ainda em vida, além da salvação após a morte. Jesus quase nunca estava só.

"Buscai primeiro o Reino de Deus, e tudo mais vos será acrescentado", Mateus 6:33. Lembre-se: Jesus e os apóstolos também participaram de banquetes, fartaram-se de pães e peixes, foram a festas e até transformaram água em vinho. E Ele deu a própria vida. No entanto, conquistou a cada um de nós até hoje.

Quero muito da vida..., e em troca darei tudo de mim, o melhor que possa oferecer a cada dia. E acredite, tenho recebido tanto que às vezes me emociono e até choro, por dentro e por fora, com um sentimento que não tem preço. Aceito o que recebo até mesmo em momentos ruins porque sei que neles posso encontrar significado e muito aprendizado.

Amar a Deus sobre todas "as coisas" e ao próximo *COMO A SI MESMO*. Entende isso ou precisa de mais um curso, um livro, um terapeuta..., ou até mesmo um tapa para "acordar"?

Perdoe-me a força "na fala", acredite, não quero agredir (quero sim). Um tapa certeiro e suficientemente forte muitas vezes nos levanta, se oferecido no momento certo. Já levei muitos "tapas", da vida e das pessoas. Já fui erguido no grito. Aprendi com o amor. Porque acreditei.

Deus dá vida material, exatamente aquela que cabe a você em seu caminho, para que possa aprender a conquistar vida espiritual.

Aproveite a vida, aproveite da vida, e reparta vida em equilíbrio.

Número 2. Também há uma tremenda importância a ser considerada no equilíbrio entre você e o mundo. Logo no início do livro Amor, Cérebros e Escolhas trato o tema da sua posição e função psíquica no mundo. Considero de extrema relevância compreendermos esse aspecto regulador do balanço de forças que regem "as relações que nos são tão caras". Tão importantes que vou recolocar aqui de modo sucinto.

Você é a pessoa mais importante do universo.

Sim, repeti. E vou insistir nessa frase muitas vezes (até você ouvir).

Afinal, a partir da sua visão de mundo, as pessoas que você ama, e muitas outras, poderão "copiar" seu modelo de comportamento.

Diga-me..., como será a fala de seu filho se você não utilizar uma linguagem correta, justa, cuidada, pensada? Como será o pensamento e comportamento futuro de sua filha se você for racista, cheio de preconceitos e discriminar a todos? Diga-me!

O que você deseja de bom para os seus, "você precisa ser".

- "Se meus pais que são gigantes, poderosos, os seres que sabem tudo..., e eles têm medo? Não quero nem imaginar o tamanho dos monstros que vivem lá fora"!

O que um filho enxerga nos pais?

Qual sua visão de mundo que irá transmitir como herança?

Como irá tratar seus medos a partir desse ponto de vista?

Sim, você é a pessoa mais importante do universo. Então cuide disso e trate de assumir esse papel nas relações humanas.

E, lembre-se:

- Seu vizinho também é a pessoa mais import....

- "Quem? Aquele...?

- Sim, ele mesmo..., e cada um da família dele.

Vou contar para você o porquê da enorme importância de também "Amar o próximo como a si mesmo".

Pense:

O que seu – terrível, cretino, crápula – vizinho está oferecendo e permitindo ao filho dele aprender?

Espero que seja "...e amar o próximo como a si mesmo".

Bem, acho que você é o vizinho "mais próximo".

Ui!

E quando cada "vizinho" fizer o mesmo?

- Não "seremos" um mundo melhor?

"Um mundo melhor a partir de você" – outro conceito importante do Programa SUPERCONSCIÊNCIA/FAMÍLIA DO FUTURO.

O mundo existe e sobreviveria muito bem sem a humanidade, ele não precisa de nós. Mas, poderá ser um lugar muito melhor se ampliarmos exponencialmente nossa visão ecológica e sistêmica de mundo.

Resumindo em um só parágrafo os dois tópicos anteriores, o equilíbrio entre "dar e receber" e o "eu e o mundo":

"Ok! Eu 'me dou', devolvo para o mundo o que dele recebi (afinal, como eu poderia dar o que não tenho?), e o mundo me inunda cada vez mais de 'coisas' para eu usar, aproveitar em grande parte, e viver muito feliz, 'compartilhando' sempre mais uma vez e cada vez mais".

Todos sabemos que "dessa vida não se leva nada", então, viva as dinâmicas do "dar e receber", e a do "eu e o mundo". Mas, lembre-se sempre, "não leva nada", mas deixa. Deixa um legado. Qual o tamanho e a qualidade do legado que irá deixar em sua história? Isso nos leva diretamente ao próximo item.

Número 3. Equilíbrio entre o caminho e o objetivo. Gosto muito desse tópico, um dos temas que mais carrega paz.

Acordar todos os dias, sentir-se grato por mais uma etapa, falar um pouco com Deus, ali mesmo na cama, em silêncio, na paz daquele momento, e antes mesmo de levantar-se agradecer ainda mais por todas as oportunidades que surgirão naquele dia, transmite uma energia muito poderosa para cada célula do corpo e faz a gente "levantar-se para a vida" com a certeza de que estamos no lugar certo, na hora certa.

Experimente gratidão e faça disso um hábito. Lute por um sonho, tenha um caminho para seguir, persista, sinta que há um "o que fazer" naquele dia. Maravilhosas armas que nos colocam prontamente alertas.

> **LUTAR POR UM SONHO POSSUI TANTO VALOR QUANTO ALCANÇÁ-LO**

Dito tudo isso, é preciso saber que um sonho geralmente demora para ser alcançado. Quando cabe a você que ele seja alcançado. O valor inerente a uma "grande vitória final", um dia, lá na frente, já existe no hoje, porque este valor é construído das muitas pequenas vitórias de cada dia. Cada uma delas com um brilho enorme. Por isso precisamos comemorar e agradecer cada momento que existimos na Terra.

Mesmo nas aparentes derrotas, lembre-se do que já comentei sobre o livro "Perdas Necessárias" que, em minha opinião, na maioria das vezes são apenas trocas que a vida nos proporciona para oportunizar melhores caminhos a serem aproveitados. Trocas necessárias.

- Eu sou um cara feliz. Comemoro meu aniversário todos os dias, assim que acordo agradeço a vida e dou "o presente" para mim. Sim. O maior presente de todos, o agora, o aqui, o tempo PRESENTE. Por isso se chama presente, lembra-se disso?

- O passado são as lembranças possíveis que ajudam muito no hoje. O passado nos capacita para agora corrigir rotas, evitar maiores problemas, isso quando nos posicionamos como aprendizes. Acredite, enquanto não quiser aprender a vida seguirá batendo até você ceder. Então, ceda agora e acabe com a dor. Sabe aquele aluno que de tanto reprovar e reclamar do professor, das provas, dos colegas..., um dia resolveu estudar e passou? Pois é! Muitas vezes somos esse aluno. Reprovamos todos os dias. Porque "não estudamos". Quer seja medo, ilusão, não importa agora. Acorde. Só isso. Estude e passe de ano.

Já o futuro são as expectativas claras e equilibradas possíveis, que orientam e auxiliam o caminhar em uma direção (calculada/estudada).

E caminhamos quando, onde?

- Só é possível no hoje! Nem passado ou futuro, ontem ou amanhã.

E caminhamos por quê?

- Bem, esse tópico caberá a você responder. Mas está em seu coração, encontre! Escolha um grande e belíssimo por quê. O universo já sabe, Deus também... Você está esperando o quê?

Então, agora leia, leia, leia..., até decorar:

> **NÃO CHEGUEI AINDA AONDE QUERIA, MAS ESTOU MAIS PRÓXIMO DO QUE ESTAVA ONTEM**

Hoje é o futuro do ontem e o passado do amanhã. (Leia mais uma vez e até entender). Louco isso, não é mesmo, mas é aqui, no agora, que tudo acontece. O valor, portanto, está no "hoje". Onde você pode agir.

Mesmo que eu ainda não esteja lá "na realização do meu sonho". Mesmo que nem chegue lá. O valor moral da luta cabe a nós exatamente onde estamos. Talvez meus sonhos restem apenas para meus filhos, netos... Esse valor não pode estar no amanhã, porque este amanhã simplesmente não existe ainda, portanto o valor não é a conclusão dos meus desejos.

SONHOS, DESAFIOS E EXPECTATIVAS

Você não merece ser feliz amanhã apenas quando seu sonho se realizar, e sim hoje, agora. Na verdade, quando amanhã chegar será um grande e um belo "hoje". Único..., como "hoje".

Verdade! O valor também estará na vitória..., que talvez venha.

- "Como assim, talvez"?

- "Não vamos vencer, ganhar, conquistar"?

- Triste isso!

Será que é mesmo triste?

- "Lutei por toda a minha vida e hoje chego ao fim. Por alguns instantes pensei que havia falhado. Mas agora sei que 'o CAMINHO' é o que me mantinha vivo".

> **"VITÓRIA É O PRIVILÉGIO DE ESCOLHER TRILHAR FELIZ O CAMINHO QUE NOS MANTÉM REALMENTE VIVOS"**

Uma história verdadeira:

- Certa vez um senhor, em seu último dia na Terra, disse ao filho que o acompanhava naquele momento no hospital:

- "*Eu fui um fracasso*".

Terrível ouvir isso de um pai. Talvez tenha sido apenas o medo pela morte eminente, talvez tenha sido um delírio devido aos fortes medicamentos, ou talvez esse senhor tenha sim vivido apenas de uma grande ilusão. Como não alcançou o que imaginava, estava morrendo na certeza do fracasso. Só não esperava ouvir do filho o que recebeu como resposta.

"*- Não, meu pai. Você foi e ainda é o melhor pai do mundo. Eu não poderia ter tido uma vida melhor como filho. Todos os nossos momentos juntos, compartilhei dos seus sonhos, suas lutas, suas grandes vitórias e derrotas de cada dia. Seus erros também. Sou testemunha do amor que nutriu e expressou por minha mãe, minhas irmãs, a cada momento. O respeito e cuidado por nossa casa, nossos tempos de almoço, jantar..., sobremesas, Natais. Aprendi como trabalhou suas dificuldades, suas falhas e desilusões. 'Eu aprendi com o senhor' e essa é a maior função de um pai. Você é meu pai, inspirador da profissão que carrego hoje comigo, você esteve, está e sempre estará presente em cada célula do meu corpo, em cada lembrança de minha alma. Você é meu pai amado. Portanto, não poderia haver engano maior* *do que sua vida ter sido uma farsa, um fracasso. Eu amo muito você, meu pai. Pode seguir em paz, ficarei aqui por mais um tempo, para ser digno de sua história, do seu nome, de nossa família".*

Sabe aquela habitual conversa religiosa de "ser digno de pai e mãe" tentando significar obedecer aos pais, ser bonzinho...?

- Para mim, ser digno de Pai e Mãe é ser digno da história, dos sonhos e das lutas que eles escolheram e admitiram viver. É ser o fruto desse amor imenso que Deus, o universo e a natureza implantaram dentro de cada um de nós. É ser merecedor da vida que passaram e deixaram para nós, eles guardiães de tantas queridas lembranças que nos permitiram viver.

É o equilíbrio entre caminho e objetivo que nos dá a verdadeira vitória, AGORA! "Já hoje", como dizia sempre uma humilde senhora que costumava visitar minha casa de infância. Insisto aqui com você:

- A vida é um grande e maravilhoso *"já hoje"*!

Capítulo **XI**

Sonhos Para Uma Vida Profissional

"O que você quer ser quando crescer"?

Essa é a frase mais ouvida por uma criança mesmo antes de ela sequer saber "o que é crescer" e que um dia "precisará ser" alguma coisa diferente do que já é. Ao menos, na minha época de criança ouvi muito e sempre de uma tia, tio, amiga da avó, vizinha... parecia que os adultos combinavam o que perguntar... só que não. Repetiam incansavelmente e provavelmente por uma questão cultural também surgida após a Segunda Guerra Mundial quando todos, homens e mulheres, precisavam definir um destino para a vida. Às vezes eu penso o que deve passar na cabeça de uma criança diante daquela pergunta. Talvez: "O que sou então"? "Só serei algo no futuro? Coisa que nem bem sei o que é"?

Acho que tal pergunta deixa um grande vazio no coração das crianças, contudo, elas depois seguem o *script*, não antes de deixar o tio bobo e "perguntão" para trás, enquanto ainda brincam na infância que resta.

Sou da década de 1960 e naquela época todo menino queria ser astronauta e as meninas miss Brasil. "Era de ouro" das conquistas no espaço e nos palcos mundiais de beleza. Sim! Somos seres influenciáveis culturais e apenas precisamos sempre ter cuidado com essa tal cultura para sabermos se ela trará de fato benefícios reais para cada um de nós.

Na verdade, a imensa maioria não seguiria carreiras como a de astronauta ou miss e as crianças também sonhavam e se encantavam com outras atividades que viam no mundo adulto, como a bela *performance* de uma bailarina, a coragem de um bombeiro, o poder de atuação de uma atriz, as atitudes, ações e posicionamentos de um empresário... Contudo, ao menos na minha época e para as classes média e alta, as escolhas principais ainda flertavam com áreas como medicina, pedagogia, direito, engenharia... e hoje, além delas, concorrem entre si muito mais opções. Nas classes menos privilegiadas, e isto em qualquer tempo, predominam as opções para postos de trabalho que ao menos garantam a sobrevivência. Poucos se destacam e com bastante esforço crescem para profissões maiores e capazes de dar respostas mais adequadas. Muitos não acreditam conseguir essas conquistas e nem tentam. Alguns até acham que não merecem, não é "coisa" para eles e assim não se esforçam para tal. Grande ilusão. A vida é para todos, por isso insisto tanto nos valores do Programa SUPERCONSCIÊNCIA/FAMÍLIA DO FUTURO: acreditar, compreender, dar novos significados e fazer novas escolhas. Esse é o papel deste livro: fazer você sonhar e acreditar.

Uma boa questão para conduzir esse tema é observarmos melhor a nós mesmos e saber que podemos buscar atividades ou profissões que possam, por um lado, garantir paz e felicidade e também produtividade, sustento e segurança financeira a todos nós. Não trataremos aqui sobre quais delas podemos exercer, características de mercado..., mas, que "VALORES" acompanham e exigem de todos nós muita atenção.

Produtividade, sustento, dinheiro?

- É muito bom ter sonhos coletivos e altruístas, contudo, precisamos comer, vestir, morar, viver... Já disse que é necessário ter para dar.

Há uma confusão muito grande entre o ser e o ter. Questões filosóficas que precisamos olhar com mais carinho..., e menos medo.

"Ser é mais importante que ter". Afirma a certeza popular. Lindo, poético, em muito verdadeiro. Mas, acredito que precisamos dos dois princípios, ser e ter.

Pense: "Como ser algo se não tenho"?

- Como sustentar esse "ser" sem nada para viver (em paz)?

- Por enquanto fique com a provocação e dúvida que propositadamente pretendi gerar aqui. Não cabe polemizar, no entanto, para mim ter e ser fazem parte de uma equação com os mesmos valores, são partes iguais – ou, ok, quase iguais. Por quê?

100 SONHOS, DESAFIOS E EXPECTATIVAS

- Somos um todo e em nenhum momento estou me referindo a ego-ísmos, muito menos superioridades tolas do Ter, além do necessário. No entanto, pergunto:

- Você consegue dar o que não tem?

- Você consegue ser sem ter para sobreviver?

- Até Jesus "tinha", o suficiente para o Caminho.

Com Ele andava um contador responsável por administrar uma sacola de moedas, até que por elas, e outras questões espirituais, corrompeu-se no final dessa linda aventura maior que durou cerca de três anos.

Até Deus diz "Eu Sou". E, ao mesmo tempo, "Tem todo o universo".

Sim, você pode "Ser" ... Ser mais produtivo... para:

- "Ter" habilidades, competências e agir como empresário. E, desse modo, "Ser" valorizado, reconhecido, respeitado.

Quem não quer "Ser" valorizado, reconhecido e respeitado?

- O que preciso fazer para ser valorizado, reconhecido e respeitado? (a repetição aqui é proposital).

- Desenvolver excelência: "Ser" ético, eficiente, disciplinado.

Quer que repita?

- Nem precisa, não é mesmo?

- Precisa sim! *"... 'ser' ético, eficiente, disciplinado".*

- Ser Próspero, isto é, muito bem remunerado e, mesmo antes de alcançar estabilidade, já oferecer (devolver ao mundo e a Deus) importantes contribuições para o universo. "Ter" para devolver o que sobra..., e até um pouco daquilo que ainda poderia fazer falta. Devolver a mais.

Para mim, dessa maneira você poderá SENTIR-SE ÚTIL. Ser capaz de participar e colaborar no mundo adulto, agir, TER atitudes boas e SER o que permita bom reconhecimento... e uma excelente autoestima é de importância singular para a vida de todos nós.

Não estou me referindo a andar pelo mundo com um ego exacerbado, muitos têm medo de tornarem-se egocêntricos, e com razão. Porém, é fundamental que possamos alimentar o ego de modo saudável. É possível e necessário sentirmo-nos capazes, competentes, pertencentes a uma sociedade tão complexa e plural.

Autoestima é gostar de si mesmo tendo o ego no lugar certo. Ego fragilizado é imaturidade, fruto do não desenvolvimento da "boa estima", é sentir imensa necessidade de ter, aparecer, comprar além do que pode para "mostrar sempre mais", é submeter-se a dezenas de procedimentos de cirurgia plástica para tentar conter e esconder sinais físicos, dos quais muitas vezes deveria se orgulhar: maravilhosas e inevitáveis marcas da tremenda aventura pela vida, deixadas em nossa face, pele, cabelos (ou ausência deles e muitos querem, "precisam" do implante).

Concordo que correções são possíveis, desejadas e até impostas, porém, e como médico, vejo mulheres gastarem o dinheiro que não têm e passarem por sofrimento em cirurgias plásticas das mamas que "apenas tiveram uma 'mínima queda' após a amamentação". Quanto orgulho poderiam ressignificar naquela imagem delas diante do espelho. Amei, gerei, pari, venci! Pior são as jovens sem nenhum problema estético nas mamas, criando moda ao colocarem próteses cada vez maiores, para as amigas verem que elas são "top". E depois amargam disformes cicatrizes. "Ah! Não é bem assim", você diz! Com muita coragem, algumas se confessam arrependidas. Outro dia ouvi de uma dessas moças que foi comigo fazer um exame, antes da cirurgia plástica: – "É uma questão de autoestima, doutor"! Ao que eu respondi: – "Sim! Verdade. Falta de...". Claro que eu não fui tão direto e grosseiro, mas me permito uma longa e boa conversa. Acredite, algumas desistem e depois de alguns anos me agradece. É verdade, a gente cresce (quem se permite).

Por outro lado, existe o excesso de ego que é também a falta de autoestima equilibrada, mas, apresentando muita arrogância e estupidez. Prenúncio de depressão, morte eminente. Ambos, falta ou excesso de ego abrem a necessidade de "Ter" para tentar "Ser" o que não é. Não sabe "Ver" e aproveitar o que já é. O dano está sempre presente.

Logo, o ego em equilíbrio é maturidade, uma grande expectativa humana de paz, desde o nascimento até o último dia de vida na Terra.

Espero e desejo Ter e Ser. Ter mais e Ser cada vez mais. O "eu" num balanço diário na espiral evolutiva da vida, sem carências exageradas de nenhuma espécie, sem sofrimento permanente na frente de um espelho, achando defeitos ou de uma vitrine ou farmácia, procurando alívio.

Apesar do que disse até aqui, é verdade que, se eu perder tudo que tenho e acabar morando nas ruas, será apenas o SER em mim que

102 SONHOS, DESAFIOS E EXPECTATIVAS

me manterá vivo. O TER um pouco de comida e segurança ajudará, porém, se eu antes de perder todo o TER formei em mim um grande SER, a dor será muito menor e a morte não virá de modo tão banal. É fácil destruir o espírito de quem TEM, contudo, tente matar o espírito de quem É.

É FUNDAMENTAL UM MARAVILHOSO EU EM EQUILÍBRIO

Lembro-me quando jovem, em torno dos meus 15 anos de idade, estávamos três amigos, na casa de um deles, conversando e imaginando como poderíamos trabalhar, produzir..., ganhar dinheiro.

Montar uma lanchonete, restaurante, um estacionamento...

Dinheiro, não pelo dinheiro em si, no entanto, naqueles dias era a tradução para "sermos reconhecidos" por nossos pais, amigos, sociedade e, principalmente, sentirmo-nos valer alguma coisa, acreditar que podemos colaborar e pertencer definitivamente ao mundo adulto. Sermos aceitos e respeitados. Este aspecto humano está bem explicado no tema "Sexo, Família e Sociedade". Mas podemos olhar também aqui para esta lacuna atual tão cara para todos nós.

Sentir-se útil para a sociedade em que se vive é estratégia primitiva da biologia de aproximação e sobrevivência em um grupo. Participar, pertencer, ter valor para a comunidade.

Mas..., não. Ainda não podíamos.

Tínhamos que estudar.

Durante milhões de anos de evolução nós humanos seguimos um padrão biológico. Quando nos tornávamos adultos logo que alcançávamos a puberdade, cerca de 12 anos de idade, aprendíamos, seguíamos e já éramos de grande "utilidade" naquele meio. Sentíamos de fato pertencentes, ativos e responsáveis. Caçar, coletar exigia estar com os maiores, os grandões experientes, e em pouco tempo já dominávamos o terreno ou morreríamos de fome, talvez devorados por alguma fera, um jovem animal mais ardiloso e preparado do que nós, treinado pelos pais (feras) e a própria comunidade na natureza (selvagem). Era impensável jovens "adultos" recém-iniciados não participarem da segurança territorial e sustento alimentar de todos. Não eram mais crianças.

Em qualquer grupo os despreparados, doentes, inúteis ou que pudessem atrapalhar de alguma maneira o coletivo eram deixados para trás em um ambiente com tamanha importância para a sobrevivência de todos. Direto ao ponto: hoje muita coisa mudou.

Meu pai estudou muito e se formou médico. Minha avó "costurava para fora" na intenção de auxiliar nas despesas da casa. Conta-se que ela muitas vezes deixava comida no forno para que, quando ele chegasse tarde da noite, sempre houvesse o que comer, repor a energia do grande estudante que ele foi. Sempre ouvi histórias de meu pai e essa era uma delas. Frequentemente ele precisava tirar formigas que passeavam pelo carinhoso prato ali deixado pela mãe. Ovo, tomate..., e formigas. Uma dieta bem equilibrada com proteínas vegetais e "animais". Ele sempre contava sorrindo, provavelmente pelo valor da luta e da vitória.

Minha avó era uma mulher extremamente dedicada, boa e cuidadora. Tive o prazer de conviver com ela por ainda muitos anos. Saudosa casa dos meus avós onde brinquei muito na infância, a que meu avô também tanto lutava para alegrar e manter.

Todos ali se sentiam úteis, produtivos.

Meu pai ainda contava, com grande orgulho marcado em sua face, que trabalhava como podia já aos 11 anos de idade.

Curioso! Milhões de anos de cultura humana se encerraram "em meus pais". Na época dos meus pais. Esse é o ponto importante que quero levantar questão sobre nossa atual cultura. Meu pai e os do tempo dele podiam trabalhar desde muito cedo (o que foi verdade durante toda a história humana, pós-puberdade).

Eu não podia trabalhar nem com 11, 13, 15, 18, 21, 23... 25...

Eu e meus amigos?

- Não! Apenas estudar. Eu, meus amigos, e, cada vez mais, todos os jovens no mundo.

Vivemos em outro mundo, significativamente diferente após a Segunda Guerra Mundial. Um processo que se iniciou após a Revolução Industrial, um marco na história humana que gerou crescentes necessidades de mão de obra especializada e incrível aumento na complexidade dos processos produtivos e relacionais, em todas as áreas, exigindo sempre maior preparo de todos nós.

Voltando para a minha experiência na vida, enquanto jovem nessa nova cultura, passam os anos, só estudando, e um dia chega minha formatura como médico. Mas, ainda não sou nada.

Sim médico, mas..., e daí?

Tenho um diploma – felicidade, mas..., produzo o quê?

Clientes?

Emprego?

- Não.

É preciso mais alguns anos de pós-graduação...

"Pós" nisso, "pós" naquilo, residência médica, cursos, congressos, simpósios, jornadas. Ufa! Acabou.

Agora estou com... 28 anos, posso ser adulto?

- "Quase"!

- "Calma"!

- "Calma o que, cara"?

- Estou tonto, nem sei mais até onde quero chegar. Preciso sentir que sou alguém nessa Sociedade, País, Mundo.

SOCORRO!

- "OK! Então não tenha calma, apenas... confie neste novo mundo"!

- "Você quer fazer mestrado..., doutorado..., pós-doutorado..."?

...

Levou alguns anos para eu conseguir formar meu consultório médico minimamente produtivo, com um número de pacientes que me permitia "pagar contas" e "me fazer sentir um hominho".

Pior, por imaturidade emocional e com baixa autoestima, costumamos fazer mais despesas do que precisamos. Sonhos tolos, próprios do despreparo, das ilusões e, por ser assim, nunca enxergamos isso naqueles momentos que não nos achamos tolos, no entanto, fazemos escolhas insensatas. Não fomos treinados para sermos razoáveis, mas para trabalhar, um dia, lá na frente, lá, bem longe da puberdade. E só então começaremos a "nos sentir gente". Criou-se um "vazio" na história e surgem verdadeiras válvulas de escape da nossa imaturidade.

O que fazer enquanto não "chegamos lá"? Enquanto não alcançamos o "ser quando crescer"? Enquanto não somos "nada", apenas um compasso de espera para vivenciar a produção no "grupo"?

Nem para o álcool ou usar alguma droga ilícita fui competente.

O primeiro, não gostei, o segundo, nunca experimentei.

"Sinto-me um fracasso. Sou um fracasso". Era o que eu pensava.

Este é um dos sentimentos permanentes que leva tantos jovens à automutilação e ao suicídio. Existem outras emoções envolvidas... e um total despreparo para dialogar com os pais e desses para com os filhos. Todos ficamos estranhos após a Segunda Guerra Mundial, justo em um momento de tantas possibilidades e fartura na ciência, levando a tremendas inovações em diversas áreas, principalmente na indústria e comércio. Contudo, havia um preço caro a pagar. O ritual de iniciação que antes durava às vezes um dia ou pouco mais de um mês, hoje pode custar mais de uma década. Nada contra a evolução da sociedade, apenas precisamos reaprender "quem somos" e olhar bem para o que está acontecendo.

Sentimentos estranhos e indefinidos em mim e em um número grande de jovens em processos similares, caminhando pela vida.

Usei meu exemplo como médico, no entanto, todas as atividades adultas hoje exigem maior ou menor treinamento... e as empresas adoram estagiários baratos, *"traineeeeee"*.

Alguns jovens não dão conta de tamanha pressão, pela idade e provavelmente também pela necessidade de ajudar em casa, e abandonam a escola em busca de uma remuneração mais adequada.

Ok. Também trapaceei a cultura do "só escola".

Certo dia abri o jornal, estava decidido a procurar emprego, ainda que a faculdade de medicina não permitisse um horário para "outra coisa".

Encontrei. Lembro-me ainda hoje daquela sala de entrevistas lotada de gente esperançosa, eu ali sentado pensando na aula de fisiologia médica que acabara de assistir pela manhã.

Aprovado!

Vendedor de livros.

Meu número de identificação na empresa era 111.

Viva... eu era alguém um pouco adulto, além de estudante.

Vendi livros durante dois anos da faculdade. Usava uma pequena parte do meu tempo, mas era suficiente. Chegava nas casas, dizia que era estudante de medicina e até tomei alguns cafés da tarde em divertidas conversas sobre literatura, curiosidades, saúde... Eu estava feliz. Estudava e tinha finalmente algo "mais importante" para Fazer, Ser e Ter. Finalmente meu próprio dinheiro.

106 SONHOS, DESAFIOS E EXPECTATIVAS

Sim. Eu não era o único, vi muitos colegas fazerem o mesmo.

Hoje, diferente de ontem (um ontem, ali, pertinho), somos entulhados, espremidos em uma escola fundamental, em seguida, sem ao menos respirar, invadimos o ensino médio. Lá descobrimos que só seremos adultos um dia, muito lá na frente, quando receberemos um tal diploma. Apenas, talvez, se passarmos por todas as terríveis provas. Milhares delas.

"O que você vai ser, só láááá na frente, quando crescer"?

Atualmente, para um jovem sentir-se competente e consiga finalmente trilhar no mundo adulto, ainda exige-se completar uma, duas, três pós-graduações, até se ver lançado na direção de uma gigantesca, louca, selvagem luta pelo mercado e tentar conquistar e ainda manter algum pequeno canto neste mundo penoso e (mal) partilhado.

Devoramos uns aos outros por um pequeno espaço de amor, reconhecimento e um sentimento de utilidade para o mundo.

Realidade ou ficção de um pessimista?

Adultos finalmente, agora com diploma?

- "Ainda não. Você precisa antes receber a primeira remuneração".

Que saudades dos rituais de passagem, aos 11 ou 12 anos de idade, poder ser colocado orgulhoso em um formigueiro e conseguir sair de lá vivo. Sofria, contudo, somente por alguns dias... Poder caçar um leão e mostrar ser capaz de voltar para casa trazendo o símbolo de que agora seria visto, amado, reconhecido e respeitado como um adulto.

Que saudades!

Hoje nossos "formigueiros" machucam por muitos anos.

Então, agora sim, o primeiro salário depois de tanto tempo, a primeira remuneração graças à conquista de um diploma. Enfim, reconhecimento que chegamos, de certa maneira, lá.

- "Onde"?

- "Não importa! Dá meu dinheiro aqui"!

O primeiro cheque. Dá vontade de não gastar, nem levar ao banco, nunca descontar (vá lá no Google descobrir o que é um cheque, eh eh).

Lembro-me da minha primeira remuneração como médico.

Meu diploma de "Doutor" ainda estava brilhando e eu vagando em merecidas férias de verão com amigos em Angra dos Reis – RJ, logo após a formatura.

Bons dias de descanso após anos de faculdade, recarregando baterias para enfrentar a vida em uma nova fase.

- "Por favor, um médico"! Um insistente pedido que vinha desde um maravilhoso e gigantesco iate ancorado bem no local onde eu passava, no escuro daquela noite de verão.

- Posso ajudá-lo senhor? Eu disse.

- Meu filho está ardendo em febre...

Embarquei e fui até o quarto onde estava acamado um rapaz aparentando 14 anos de idade. Ele parecia estar realmente mal.

Claro que um recém-formado médico viaja com sua "BAT-malinha de doutor" e no interior dela tudo o que é (des)necessário.

Examinei, olhei, auscultei, apalpei, senti, medi... pensei...

A temperatura estava quase 40°C.

"- Diga aaaaahhhhhhh"!

Não tive dúvidas, amigdalite!

Prescrevi antibiótico, antitérmico e anti-inflamatório.

E fui embora.

Não cobrei e nem pensei nada ali sobre isso, afinal, nas Escolas Médicas não ensinam os meios para sobreviver, apenas como salvar.

Na noite seguinte, entra o pai do rapaz no restaurante onde estávamos jantando, trazia uma enorme caixa nas mãos, aproxima-se sorridente da nossa mesa e diz:

- "Obrigado Doutor. Meu filho está bem melhor e sem febre".

Eu já havia tratado muita gente como estudante de medicina, examinado, receitado centenas de vezes, e até recebido gratidão. Mas, devo admitir, a primeira vez como médico, não tem preço.

Aliás, tem preço, porém, não recebi em dinheiro, no lugar da grana, uma gigante garrafa de whisky "muitoooos anos".

Eu não bebo, pensei.

Os olhos de meus amigos brilharam, não por meu primeiro "feito" como médico, mas pelo meu "defeito", não beber... e eles sim, e muito.

Pouco importava para mim naquele momento. Fiquei muito feliz pelo "reconhecimento", por me sentir plenamente útil e valorizado. Era eu voltando da caça com um mamute sobre os ombros para alimentar toda a aldeia. Estava feliz..., contente..., satisfeito.

108 SONHOS, DESAFIOS E EXPECTATIVAS

Eu ali com 25 anos...e oito meses. Completaria 26 em maio/08.

O QUE SENTI ATÉ ESSA IDADE EM RELAÇÃO A SER VALORIZADO, ACEITO, AMADO?

- Ao longo de toda história humana na Terra, em nosso desenvolvimento, chega um dia que a criança alcança a puberdade. Um evento biológico universal, isto é, colocando de lado doenças muito raras, acontece com todos, desde que o mundo é mundo, como diz a fala popular. Tornamo-nos adulto produtivos, rapidamente somos reconhecidos como úteis a todos e aceitos.

Reafirmo: demora muito hoje em dia, o que antes acontecia ao redor de 12 anos de idade. Isso definitivamente acabou.

Mudamos nossa história, mudou a cultura.

E como a maioria das pessoas nasceram com esse sistema já instalado, para todos, o hoje é o "normal". Não enxergando o contraste, acreditamos que é o normal. Só esquecemos de avisar para a biologia, fisiologia, bioquímica... esquecemos de "segurar" nossos hormônios, células, libido. E tente explicar isso para *haters* (não precisa ir ao Google. *Haters* é uma palavra da língua inglesa, como são hoje conhecidas as pessoas que reagem com ódio "de você e daquilo que você diz", se você se arriscar a falar contrário do que elas pensam).

Sim, eu sei, a lei manda: criança na escola.

Concordo.

O problema é que inventaram tanta coisa para "ensinar" que aquilo que antes aprendíamos em pouco tempo com nossos pais, a comunidade, e já nos bastava, sentíamos e éramos considerados adultos bem mais cedo, hoje leva décadas de sofrimento e angústia... E muitas baladas "iradas" para aliviar e acalmar..., os hormônios.

Sim, alguns jovens não respeitam a cultura imposta, mas carregam por isso a crítica feroz do mundo "adulto"; a dor de uma consciência comum que insiste em contar que eles estão errados, que agem de modo imaturo, inconsequente, irresponsável. Outros seguem o roteiro da família boa, justa e bem-educada, segurando como podem as pulsões naturais.

Sim, precisamos "esperar um pouco mais", no entanto, "sem combinar com os russos" fica complicado. Sem consciência e diálogo maduro entre maiores e menores, enfrentamos todos uma verdadeira panela de pressão em pleno funcionamento.

Jovens, de ambos os sexos, com uma quantidade enorme de testosterona e estrogênio explodindo dentro das calças, aprisionados em escolas, enfileirados nos corredores, trancados e forçosamente quietos dentro de uma sala de aula, diante de um professor geralmente desmotivado, desvalorizado, conduzindo alunos impedidos de desenvolverem e mostrarem ao máximo todo o poder e criatividade...

Quem descobriu o Brasil?

Foi Pedr...

Sei lá, hoje já dizem que foram os..., os..., os...

Vou contar.

Os jovens, eles sim querem "descobrir o Brasil".

Não estou em momento algum afirmando que devemos liberar nossas vontades e desejos, sem nenhum controle. Nunca. Porém, precisamos conversar sem medo sobre esse tema, produzir novos diálogos com os filhos e resolvermos juntos o que fazer para equilibrar essas "épocas de diferentes histórias".

Certa vez ouvi que criança adora escola, amigos, lanches, brincadeiras... O que criança não gosta é ficar presa dentro de uma sala de aula. Por isso, tanta gritaria quando se soltam das amarras e correm para o recreio. Cada urro ensurdecedor significa: Viva, Liberdade, Ebaaa!

Coisas da biologia humana..., e animal, vegetal... espiritual.

Coisas da Vida com mais sentido.

Então, depois de muito tempo trancados nessas salas, presos dentro das casas sem poder sentirem-se plenamente adultos, chegam aos 18, 23, às vezes 30 anos, e ainda ecoa nas cabeças angustiadas:

- "O que vou ser quando crescer"?

- "Ei! Já cheguei"?

Até o vestibular atormenta devido à exigência de uma escolha, um futuro profissional muitas vezes ainda não muito claro e bem definido. Um angustiante receio de possível erro nessa opção, que desse modo custará a perda de um tempo e energia que ninguém quer sofrer.

Então você passa no vestibular e entra alegre na Faculdade. Já nos primeiros momentos sofre *bullying* dos veteranos. Trote. Quando você se torna veterano e vê-se frustrado pelas falsas expectativas de que

110 SONHOS, DESAFIOS E EXPECTATIVAS

ali sim "seria uma maravilha" e, por uma raiva primitiva e não trabalhada, repete o *bullying* naqueles que estão começando. Trote. Agora você é o algoz (de si mesmo). E segue com uma sensação estranha até o último ano.

Até mesmo alguns professores fazem *bullying*, sempre que podem. E eles podem sempre, é incrível.

Lembrou de um "professor" agora, não é verdade?

Deveríamos abolir o trote. Deveríamos abolir também algumas visões equivocadas quanto à adolescência – que nunca existiu –, uma invenção após a Primeira Guerra Mundial criada por uma exigência de "agentes para o mercado". Um assunto tão complexo e importante sobre o qual só quero agora provocar o pensamento, não propor soluções – que deverão ser alcançadas logo. Levanto muito mais esta questão no Programa, no tema "Sexo, Família e Sociedade".

- Então um dia você recebe o diploma. Finalmente você é adulto.

- "Chega! Cansei"! Não! ... Já falei das pós-graduações?

Há ainda mais um grave problema nessa história toda: infantilizamos os adultos. Melhor explicando, não permitimos a ninguém mais crescer emocionalmente, apenas intelecto, ferramentas para o mercado, destinadas à produção e ao consumo desenfreado.

Não podem nada (ou muito pouco), só serão maiores quando...

Para mim, esse equívoco temporal no modo como tratamos os jovens (e depois os adultos em idade) é uma das maiores causas de desajustes, grandes sofrimentos e consequente uso abusivo de drogas lícitas e ilícitas. Suicídios.

Antes éramos adultos desde cedo, hoje... "histéricos e infantis", segundo o professor e filósofo Luiz Felipe Pondé ao citar Freud em algumas das múltiplas reflexões e provocações que sempre produz. "Um grande buraco é formado no peito de cada um de nós". Essa é uma das frases que uso com frequência em minhas palestras. E esta é a citação de Pondé:

- *"Vivemos em uma Cultura onde as pessoas, em vez de enfrentarem o buraco que tem nelas, negam o buraco o tempo inteiro e matam tudo que as façam entrar em contato com esse buraco".*

Não são poucos os que encontram no álcool e em outras drogas potentes anestésicos, eficazes, mas ilusórios "tapa-buracos". Outros compram desnecessariamente roupas novas, eletrônicos da moda, celulares novos que possuem um "mínimo recurso" a mais, carros nos quais as montadoras apenas modificam uma lanterna e um friso para fazer seu anterior valer muito menos do que você pagou... centenas de exemplos de uma dismaturidade que segue firme e forte aceitando tudo como selvagens que encantados por novidades aceitavam espelhos em troca de entregarem as filhas para os invasores. O encantamento primitivo dos povos antigos diante do aparente "superpoder" dos navegantes é tão compreensível quanto o deslumbramento dos cérebros receptivos de hoje, incapazes de dizer para si mesmos um belo e vigoroso NÃO! Ser adulto não é ter idade, mas capacidade mental suficiente para ter domínio e comando sobre a vida.

Claro, não é tão simples assim e esse tema requer outro livro. Apenas provoco pensamentos sempre que posso.

Um jovem "adulto" que durante toda história humana ajudou a família trabalhando e sentindo-se útil aos 12, 13 ou 14 anos (perdoe-me mais uma repetição, mas é fundamental ficar claro) hoje é afastado da evolução psíquica dele tendo que "se virar" para compreender o que está acontecendo nas grandes transformações do corpo e da alma.

O que fazer?

- Aprenda a dançar a música que hoje toca, porém, dance com maestria, acreditando em todo seu potencial de trabalho e desenvolvimento. E fique atento para sempre se sentir adulto nesse meio. Respeitado, amado, valorizado, com ética, eficiência e disciplina. Você ficará muito feliz quando "se ver" falando assim para um desejo (que surge todos os dias): "Muito legal, bonito, cool..., mas, não obrigado"!

Em momento algum estou negando a você lutar e conquistar para si, e para os seus, coisas boas que a vida, a tecnologia e os sonhos te permitirem. Este livro é sobre sonhos, lembra? Mas..., este livro é mais que isso. O que queremos e precisamos é ter domínio sobre os desejos e não os desejos terem domínio sobre nós. Você é um conquistador e não selvagem. Você é *top*, não o novo modelo de carro...

Olhe bem para qualquer jovem que se anuncia ao mundo. Ajude-o a conhecer tudo isso e a repetir o processo de amor e sucesso que você experimenta a cada dia. Somos todos companheiros de viagem.

Tudo o que aqui procurei descrever é uma realidade para homens e mulheres. Sim, o mundo mudou! Precisamos contar isso para nossos hormônios, para nossa biologia, e repensar como manter íntegros coração, anseios e sonhos dos jovens, de todas as idades.

Para terminar, incorpore definitivamente estes dois conceitos:

- "Você é a pessoa mais importante do Universo".
- "Você foi feito para dar certo".

São frases mestras do Programa SUPERCONSCIÊNCIA/FAMÍLIA DO FUTURO. Não existem apenas porque eu as desenhei assim, mas porque Deus acredita em você e o universo vem construindo cada célula do seu corpo há bilhões de anos. Não há erro neste projeto. Não há nenhum erro em você. Apenas, e para cada um de nós, ilusões a serem lapidadas. Estou apenas tentando lembrar você disso. E a mim mesmo.

Capítulo XII

SONHOS PARA UMA VIDA FAMILIAR

Até aqui reforcei os sonhos para uma vida profissional. Agora vamos passear pelos sonhos para uma vida familiar. Do trabalho para casa.

Existe alguém que não quer amar e ser amado no próprio lar?

- É um bom começo para um sonho em família, não é mesmo?

Mas, não é fácil, por incrível que possa parecer. Caso fosse não teríamos tantos problemas nessas relações parentais, tão caras para todos nós. Deverá ser o primeiro grande sonho: equilibrar as relações familiares. Até porque tudo o que se tornará possível nos sonhos profissionais, "fora de casa", será duradouro e mais fácil alcançar com "o porto seguro". É aqui que tomamos fôlego e impulso.

Precisamos urgente vigiar a história, emoções e pensamentos.

A partir desse momento passa a ser lei e estes são os artigos:

Art. 1 – Cada um dentro de casa demonstrará uma cota gigante de humildade e entrega.

Art. 2 – Buscará conhecimento dos anseios e necessidades de si mesmo e do outro.

Art. 3 – Decidirá amar de modo que o outro perceba também ser valorizado, querido e cuidado. A reciprocidade acontecerá no automático e ao mesmo tempo.

Art. 4 – Terá coragem para vencer os próprios medos.

Art. 5 – Serão criados momentos de reunião, diálogos maiores, mas também conversas tolas e brincadeiras leves.

Art. 6 – Os horários das refeições acontecerão dentro dos limites possíveis; nada de televisão, computadores ou celulares na hora da mesa.

114 SONHOS, DESAFIOS E EXPECTATIVAS

Art. 7 – Serão recordadas, construídas, escritas e reescritas as histórias da família.

Art. 8 – Momentos de leituras em grupo que enriqueçam caráter e espiritualidade.

Art. 9 – Praticar uma religião, a que mais abasteça o coração.

Art. 10 – Ajudar no respeito a todas as crenças da Terra, procurar conhecer as histórias das diferentes práticas, o sagrado em cada uma delas, os ensinamentos maravilhosos tirados das mentes mais sábias que já surgiram no mundo.

Art. 11 – Aprender um pouco de filosofia, ou muito, você decide.

Art. 12 – Lazer e passeios programados ou de maneira espontânea.

Art. 13 – Todos e cada um com um forte olhar para a saúde física, emocional e espiritual do outro.

Art. 14 – Alimentação adequada e estímulo para atividades físicas.

Art. 15 – Valorizar o ensino formal e uma boa preparação acadêmica.

Art. 16 – Promover conhecimento geral, política, democracia, história.

Art. 17 – Serão respeitados tempos de isolamento e retiro, descanso e sono por períodos adequados e combinados, mesmo que de modo não verbal. Isto é, em uma Família existe uma energia e todos se conhecem.

Art. 18 – As escolhas serão feitas e decisões tomadas a partir do melhor para todos, respeitando momentos, sensibilidades e individualidades, sempre atentos à realidade possível de cada um.

Art. 19 – O estímulo e a motivação para a vida será um modelo permanente, assim como a crítica construtiva e equilibrada. "É por *que eu te amo que não aceito qualquer coisa de você*".

Art. 20 – Os eventuais litígios e diferenças serão resolvidos com intencionalidade, rapidamente e em forte presença de paz.

Art. 21 – Viver em uma casa adequada para uma vida feliz, não importa se humilde ou gigante, mas sempre será um Lar.

Art. 22 – Violência física ou mental nunca serão toleradas, mas acolhidas. Afinal, o aprendizado nos relacionamentos é fundamental para o sucesso e uma vida crescida em uma cultura violenta precisa e pode ser modulada, adaptada e modificada.

Art. 23 – Ter um bom carro, suficiente para as necessidades, nem mais, nem menos.

Art. 24 – Construir o Futuro agora, no presente, estimulando a crença em sonhos individuais e coletivos, torcendo, cuidado, orando por todas as expectativas.

Art. 25 – Ter sonhos para a comunidade, para o país e para o mundo. E, por que não, para o depois dele.

Art. 26 – Administrar perdas e frustrações ressignificando cada fato da vida. Afinal, enxergamos a vida por meio do filtro que construímos com aquilo que vivemos e acreditamos. Mude o filtro e experimente outras cores. Quando somos rígidos na maneira que acreditamos que deve ser a vida, machucamos muita gente e somos machucados por uma total falta de percepção das nossas diferenças.

Esse ponto está mais bem desenvolvido dentro do Programa, no tema "Verdade, Realidade e Insanidade".

Art. 27 – Vamos participar de ações de voluntariado e filantropia.

NÃO SEJA RÍGIDO E ABANDONE CERTEZAS

Um pai ama a filha e é capaz de:

- Surrá-la porque ela começou um namoro.

- Abraçá-la feliz porque ela começou um namoro.

Decida com qual filtro você quer viver.

Ok! Usei um exemplo forte, eu sei. Mas, quais filtros usamos que podem ser até ridículos para os outros e absurdos para nós mesmos quando "nos damos conta" dos nossos equívocos?

- O que vemos através das nossas lentes? Ou nem vemos?

- Procuramos um oftalmologista, um psicólogo ou um exorcista?

- Não "somos" poucos aqueles que precisam dos três.

Sim, por isso o mundo é tão complexo, precisa de nossa atenção máxima para cada movimento, ação e atitude. Precisamos de coragem para mudar o que precisa ser mudado. É preciso pensar e agir.

Crie a partir daqui mais artigos que achar pertinente às características de sua família, coloque tudo no papel como se fosse um estatuto.

Aprender a amar significa criar maturidade e intenção.

Sonho, portanto, não é um Projeto Familiar ou Profissional.

TODO SONHO É UM PROJETO ANTES PESSOAL

Com esse crescimento, o resto..., é consequência.

Sonhos, projetos, esperanças são para ser exercitados em uma vida plena e cheia de significados. Nossos pensamentos e emoções precisam ser cuidados, afinal, é boa parte deles que deixaremos para nossos filhos. Então, acredite no que vou "falar" agora:

A HERANÇA NUNCA SERÁ MATERIAL

Capítulo **XIII**

PLANO DE AÇÃO

Um plano de ação exige um mapa do caminho. Vamos observar uma estratégia a ser seguida de maneira mais, digamos, "organizada". Estes tópicos que serão levantados não são novidade e estão em minha palestra SONHOS, DESAFIOS E EXPECTATIVAS há tanto tempo que nem sei de onde tirei, por isso não tenho como dar referência. Esta lista não é minha criação e, assim como encontrei, você achará ideias semelhantes em diversos livros que tratem do assunto. Mas, não poderia deixá-la fora deste texto e vou comentar cada item aqui, à minha maneira.

Vamos à lista (que chega a ser óbvia):

- Escolha um sonho.
- Eleja uma imagem simbólica e a "pendure em todo lugar".
- Coloque no papel TUDO o que sonha para você.
- Diagnóstico da sua situação atual.
- Desenhe de modo claro sua situação desejada.
- Estabeleça metas e eleja prioridades.
- Defina ações concretas para cada meta.
- Especifique uma data compromisso para cada passo.
- Identifique obstáculos e defina soluções.
- Identifique facilitadores e trabalhe com eles.

1. ESCOLHA UM SONHO.

Puxa! É preciso?

- Claro que sim, se não souber o que quer como irá atrás dele?

Já mostramos aqui como parar para pensar e "voar com a imaginação". Apenas quero reforçar o cuidado com a escolha. Preste atenção no que deseja, depois terá que assumir resultados, pelo bem e para o mal.

117

118 SONHOS, DESAFIOS E EXPECTATIVAS

Rapidamente um exemplo do porquê isso é muito importante: um amigo sempre sonhou ser dono de um restaurante. Apenas esqueceu de lembrar no plano (de voo) que precisaria acordar muito cedo todos os dias, inclusive domingos e feriados, para comprar os ingredientes que só poderiam ser frescos; abrir o restaurante; administrar os problemas inerentes a "ter funcionários"; nem lembrou do sindicato dos garçons; contas a pagar; impostos...; fechar o restaurante após o último cliente...; e reiniciar tudo "na madrugada seguinte".

Agora atenção! Se fosse tão ruim assim não existiriam "restaurantes". Tem gente para exercer cada atividade humana. Então, para ser bom também para você PENSE se esse sonho é para você! Tudo têm dois (muitos) lados. Calma na escolha. A imagem de algo maravilhoso precisa ser vista de todos os ângulos possíveis e muitas vezes nossas emoções (desejos) nos traem "abrandando" os problemas apenas porque você quer muito que aconteça.

2. ELEJA UMA IMAGEM SIMBÓLICA E "PENDURE EM TODO LUGAR".

Existe um objetivo claro aqui que vou mostrar melhor mais adiante, ainda neste livro, o caminho benigno do "universo" em nosso cérebro. No entanto, existem também fatores de "esquecimento (às vezes fuga)" e sempre precisamos "ser lembrados" do que é importante para nós.

Sabe a aliança no dedo de quem é casado? É um símbolo, uma lembrança do "porquê voltar para casa", seu sonho para ser feliz com alguém que escolheu. Quando a aliança está na mão direita é porque o casal assumiu um compromisso e uma data para o início dessa viagem maravilhosa que é "ser" mais uma família em nome do amor.

Então, levante-se pela manhã, respire fundo em gratidão e assim que entrar no banheiro verá a imagem simbólica do seu sonho que "você pendurou no espelho", para já começar o dia lembrando-se dele. Uma foto, um desenho, como a "aliança" no dedo, agora com seu sonho no espelho. E o símbolo diz para você: "Bom dia! Vamos correr atrás do sonho"?

Ao voltar para o quarto verá a mesma imagem colada no armário onde pegará sua roupa; depois na cozinha, enquanto toma café; na sala por onde passará; no retrovisor do seu carro; em sua mesa no trabalho... CHEGA! Brincadeiras à parte, em momento algum estou aqui pedindo para você se tornar um neurótico atrás do que tanto deseja. Mas,

PLANO DE AÇÃO **119**

importa muito lembrar ao seu cérebro do que você quer e arrancar dele um sorriso nos lábios. Isso fará você andar com mais confiança pelo mundo e com passos cada vez mais largos na direção do seu "destino".

3. COLOQUE NO PAPEL TUDO O QUE SONHA PARA VOCÊ.

Lembra-se do que eu disse lá atrás em trazer do etéreo, da imaginação, do pensamento, das nuvens e tornar concreto no mundo real? Pois o próximo passo é colocar no papel. E use de fato papel, caneta, borracha..., deixe o computador para depois. Inicie como você começou no primeiro dia da escola, numa carteira, a professora lá na frente..., cenas que hoje identifica com amor e saudades. Seu emocional agradece e passará a ajudar. Escreva lá em cima da folha o título que quer dar para seu Projeto, o sonho a ser realizado. Então, fala aqui proposital: "comece do começo", passo a passo.

Faça uma coluna à esquerda no papel e liste os temas fundamentais da sua vida, um em cima do outro, um em cada linha: trabalho; estudos; renda; família; relacionamentos; endereço; moradia; carro; viagens; lazer; segurança; espiritualidade. Feito isso, escreva acima, agora em uma coluna ao lado: "SITUAÇÃO ATUAL". Por fim, numa terceira coluna: "SITUAÇÃO DESEJADA".

4. DIAGNÓSTICO DA SITUAÇÃO ATUAL.

5. EXPECTATIVA CLARA DA SITUAÇÃO DESEJADA.

Não estranhe, não pulei o quarto tópico. Vou explicar esses dois componentes ao mesmo tempo.

Inicie pelo primeiro item da lista, "Trabalho", avaliando (4) como está a "situação atual real". Você está trabalhando? Está satisfeito, feliz? Não? Então passe a imaginar qual seria a expectativa, a "situação desejada" (5). Qual seria? Crescer na empresa? Ter outro emprego? Ser autônomo? Montar uma empresa própria...? Siga um tema por vez até o fim.

A situação atual está boa? Você está satisfeito? Seja verdadeiro em cada item. Nunca deixe de pensar, apenas porque tem medo de mudar. Lembre-se, você não precisa mudar nada e geralmente há muito em jogo, por isso mesmo precisa "pensar". O que não se pode fazer é "empurrar com a barriga" a vida e a felicidade.

Se está realmente bem em algum tema, marque **OK** na situação atual. Se não tem muita certeza desenhe ali um coração porque irá

120 SONHOS, DESAFIOS E EXPECTATIVAS

pensar melhor e com carinho sobre. Caso não esteja satisfeito, desenhe uma estrela como marca do seu destino e inicie o planejamento para "chegar lá". Simples assim. Vai lá agora. Marque esta página aqui para poder voltar mais tarde a leitura dela e pegue agora mesmo uma folha de papel, sem compromisso. Desenhe as três colunas e escreva acima, na primeira a "lista com os temas da vida" que precisam ser avaliados, e nas outras, a situação atual e a desejada. Não precisa capricho, é apenas para você ver como fica no papel. Quero um rascunho, borrado, linhas um pouco tortas... Você verá quando começar a gostar da brincadeira que desejará colorir, brindar, festejar...

Claro que tudo na vida pode ser melhorado e você pode, apesar de estar satisfeito com algum aspecto das suas atividades, aproveitar aqui para planejar os passos para que "a coisa" fique melhor ainda. Se for assim, escreva na situação atual um **OK+**, isto é, estou bem, mas quero crescer neste ponto, e inicie seus planos para que sua vida neste tópico prospere (e poderá ser muito mais do que imagina – nunca saberemos o que o universo espera e quer de nós.

Claro que o simbolismo que eu proponho aqui, com corações, estrelas e OK+, eu mesmo pensei, então, escolha você os símbolos gráficos que mais te representem. Porém, não perca muito tempo com isso, importante agora será a ação sobre seus sonhos. Apenas insisto: FAÇA! Não deixe os mecanismos internos e inconscientes de defesa sabotarem seu papel e caneta. Acredite, "eles" farão tudo para você desistir e, agora o difícil de acreditar, farão isso pelo seu bem. Nosso inconsciente é muito legal, o problema é que ele não pensa, só quer proteger, então lembre-se: "quem pensa e manda é VOCÊ" (quando você decidir assumir de fato o comando). Se você não prestar atenção ficará horas desenhando símbolos, colorindo colunas, "melhorando" o aspecto para "nunca" começar a desenvolver o que precisa e merece.

Vamos a um exemplo? No tema trabalho você conclui que está tudo bem e colocou um maravilhoso **OK** na coluna "situação atual". Já nos estudos você não terminou algum grau de instrução e tem desejo de fazê-lo. Escreve ali na segunda coluna, por exemplo: "terminei ensino médio" (situação atual); e na terceira coluna escreve: "farei vestibular para..." (situação desejada). Parabéns! Venceu a primeira etapa – saber para onde quer ir (e mostrar para o cérebro).

A renda está boa, mas pode melhorar. Coloca um **OK+**, já na família estamos um pouco desestabilizados por uma discussão, um desentendimento. O que você acha que deve colocar na terceira coluna?

- A ESTRELA, seu destino mais feliz. Então começa o plano: DIÁLOGO E ENTENDIMENTO – e detalha o caminho que fará (metas, metas, metas...) para que essa dor termine e seu sonho possa se tornar realidade. Aqui, propositadamente, antecipei o próximo tópico (Metas e Prioridades).

Assuma o controle para que você supere e vença em cada item. Um a um, colocando depois no papel as metas, o que fazer, e realizando todas elas. Se fizer isso o que você acha que irá acontecer?

- Verdade! Pode ser que não passe no vestibular, pode ser que o desentendimento na família tenha sido maior do que você gostaria e está difícil reverter..., MAS VOCÊ FEZ SUA PARTE. O pior já existia. Nosso destino sabe por que algumas coisas não conseguiremos resolver (já estava resolvido).

Agora é com você... Faça o que é possível e encontrará os caminhos para o impossível. Por fim, aceite o destino que o universo e Deus reservaram. MAS VOCÊ FEZ A SUA PARTE. Repeti esse pensamento porque você merece toda consideração e respeito.

Em resumo: Seja sempre honesto (vigie a si mesmo), afinal, é para você. Olhe para o diagnóstico da "situação atual", avalie se você está satisfeito – fique atento porque às vezes falamos que estamos satisfeitos, mas na verdade estamos com medo da mudança e nem queremos mexer com as dificuldades. Depois enxergue a "situação desejada" – afinal, o que você quer lá na frente, como quer estar, o que quer sentir e pensar quando estiver lá. Por fim, muito trabalho pela frente, porém, agora de modo direcionado. Disso trataremos a seguir.

Apenas antes um lembrete: mais adiante mostrarei a importância biológica do "desenhar claramente o futuro que se quer", somado ao "pendurar uma imagem simbólica em todo lugar". Não é mágica, mas é *show*.

6. ESTABELEÇA METAS E ELEJA PRIORIDADES.

Planejamento estratégico com visão do futuro. Isso mesmo, "bota" o lobo frontal cerebral para funcionar e trabalhe com tudo o que é

122 SONHOS, DESAFIOS E EXPECTATIVAS

preciso: administração de tempo – com papéis e prioridades; administração financeira – que recursos precisa, onde conseguir, como fazer para não "quebrar" ... etc.

Sempre nas palestras eu conto aqui a história de quando estava com dois amigos e saímos para jantar, início das férias de julho na faculdade e combinávamos no caminho para onde iríamos naquele ano. Era hábito passarmos alguns dias do inverno em alguma praia. Ideias daqui e dali, não recordo quem falou algo assim: – "Que tal se fôssemos para a Inglaterra estudar inglês". Uma fala que parecia descabida naquele momento. Então começou o "debate". "Bem, logo terminaremos a faculdade, falar inglês é importante e ninguém aqui nesse carro tem fluência". É, pois é... resumo da ópera. Dia seguinte, em vez de irmos para uma bela praia, estávamos na porta de uma escola de inglês para fazer uma prova e iniciar um curso intensivo até janeiro. Todas as noites, daquele julho ao dia 04 de janeiro de 1985, quando embarcamos para a Europa onde passamos 3 meses, aproximadamente.

Dinheiro, passagem, determinação... vende isso, não compra aquilo, empresta este, devolve aquele... e assim foi. Muita história para contar, mas agora tocarei apenas no necessário para os tópicos deste momento: – Papéis e prioridades.

Escolha um sonho (1) (estudar inglês na Europa); (2) e (3) elabore uma imagem simbólica e coloque no papel (confesso que não fizemos isso na época, pois nem sabíamos da importância e a motivação já era imensa – fato, não fizemos, mas não sabotamos, por sorte ou destino); (4) diagnóstico da situação atual (o inglês está fraco); (5) expectativa clara da situação desejada (destravar a língua, o que abriria imensas portas no futuro); (6) estabeleça metas e trabalhe papéis e prioridades e agora os próximos itens: (7); (8); (9) e (10) serão levantados com a sequência da história da viagem. Vamos a ela.

7. DEFINA AÇÕES CONCRETAS PARA CADA META.

Amanhã, nada de viajar. Prova de inglês na "Oxford School". Quais as escolas de inglês na Inglaterra? Passagem? Onde ficar? Data da viagem? Duração? Dinheiro?

Claro que estou apenas citando uma sequência de "fatos" para dar mais cor à história que escolhi como exemplo, tudo sempre é muito mais complexo do que isso. Vamos seguir no exemplo?

8. ESPECIFIQUE UMA DATA COMPROMISSO PARA CADA PASSO.

Segunda-feira, lá fazendo a prova..., e sem desculpas.

9. IDENTIFIQUE OBSTÁCULOS E DEFINA SOLUÇÕES.

Conversar com cada professor da faculdade de medicina e administrar o retorno para o início do ano seguinte, um pouco mais tarde do que o início previsto para o começo das aulas. Perderíamos quase um mês de cada cadeira. Seria possível abonar as faltas e recuperar de algum modo o conteúdo perdido?

Estivemos, um a um, com cada professor do ano seguinte. Todos entenderam a proposta e autorizaram..., menos um. Quando chegamos no consultório "desse um" para explicar nossa intenção da viagem, aprimorar a língua inglesa, importante até para nossa evolução de estudos na própria medicina, pós-graduações... ele disse que NÃO. Lembrou que perderíamos quatro aulas (de dermatologia) e nunca mais seria possível recuperá-las. Na saída do consultório olhei para a placa que estava ali na parede "Professor, Doutor, Mestre... ... ..." Entendi, pensei eu!

De volta à Universidade explicando todos os sim que recebemos e apenas um não, o coordenador do curso de medicina olhou para a gente e disse sorrindo: Boa viagem!

Outros obstáculos foram vencidos um a um. Administração do tempo, administração financeira, "medo"! Sempre o pior deles.

10. IDENTIFIQUE FACILITADORES E TRABALHE COM TODOS.

Acredite, ainda mais em um mundo onde somos "Anjos uns dos outros", existem muitos facilitadores, basta estarmos sempre atentos a eles. Aquele coordenador do curso de medicina foi um anjo, a professora de inglês, também. Amável e dedicada, quase como se ela fosse viajar com a gente. Verdade, embarcou no sonho e constantemente demonstrava felicidade nas nossas aulas – todos nós sempre ficamos animados com o entusiasmo e a felicidade dos outros, coisas dos nossos neurônios-espelho que ajudam demais em nossos relacionamentos.

Com certeza muitos mais participaram do nosso "projeto" naqueles meses, porém, a maioria, nem percebemos. Mas, quando há intencionalidade, tudo converge para que "dê certo".

124 SONHOS, DESAFIOS E EXPECTATIVAS

Como exemplo, imagino eu hoje, e nem passou pela minha cabeça naquela época, quantas conversas entre meus pais facilitaram a minha ida para a Inglaterra? O pensamento das minhas irmãs... Imagine quantas pessoas torcem por você e sem você saber agem, de diferentes maneiras, para que seu sonho se realize e você seja feliz? Se você é hoje avô, avó, sabe quantas vezes lembra dos netos e torce por eles. Então, se você não tem tanta idade assim e ainda tem avós, agradeça sempre a eles, mesmo sem saber por quê. Deus sabe.

Para terminar este capítulo quero muito lembrar a você a aprender a viver em estado de gratidão. Até pelo que você nem viu acontecer e, acredite, acontece muito para você.

Capítulo **XIV**

O Que Você
Não Aguenta Mais?

Não importa qual seja seu sonho, dois fatores precisam ser levados em conta. Fator dinheiro e fator pessoal. O dinheiro é o que torna possível projetos concretos. A compra de um imóvel, uma viagem, um curso... já o fator pessoal está mais relacionado às decisões subjetivas não palpáveis, como o sonho pelo resgate de um relacionamento, a construção de um diálogo com os filhos... Enfim, ambos os fatores são importantes e muitas vezes uma viagem a sós, pai e filho ou em casal, sempre para renovarem energias, pode ser a oportunidade ótima para uma questão posta como um sonho a ser realizado e aqui o dinheiro também facilita.

Atenção, não me referi à "compra de afeto", apenas uma viagem de "caça e coleta" com o filho homem sendo finalmente reconhecido e valorizado por um pai que "não tinha tempo para a família". O mesmo vale para a exploração do coração de uma filha ou o resgate e a manutenção de uma relação romântica de casal.

Curioso (e triste), pais que não têm tempo porque trabalham demais, "com o objetivo de sustentar a família e assim serem todos felizes". Claro que o trabalho é importante e no mundo de hoje administrar o tempo entre tudo o que nos importa é bem difícil e não poucas vezes não damos conta de tantas tarefas fora e dentro de casa. Acabamos destruindo o sustento e a felicidade que tanto sonhamos. Às vezes o sustento prevalece, porém os relacionamentos se destroem. São muitas as faltas e é preciso cuidado e planejamento.

As pessoas vivem, crescem, casam-se, têm filhos e nada de planejamento? O desequilíbrio que traz a falta de administração de tempo e

126 SONHOS, DESAFIOS E EXPECTATIVAS

de dinheiro, papéis, prioridades, assim como a ausência da intencionalidade na organização necessária para a vida, condições somadas a uma mentalidade equivocada são as maiores causas de sofrimento e dor. Dores desnecessárias se aprendermos a usar nosso lobo frontal, objetivo de todo o Programa SUPERCONSCIÊNCIA/FAMÍLIA DO FUTURO.

Contudo, apesar ou mesmo pelo próprio sofrimento, temos muita dificuldade para "parar e colocar no papel" o que tanto precisamos. Desse modo, permita-me levantar aqui uma pergunta que pode ajudar muito você a começar seu caminho para a cura e a felicidade:

- "O que você não aguenta mais e quer mudar imediatamente"?

Um relacionamento abusivo em casa, quer seja por parte do marido, quer seja por parte da esposa, filhos, seus pais...; problemas com um chefe exigente demais; *bullying* com colegas no trabalho, na escola; dificuldades na área da sexualidade; uso de álcool ou outras drogas... Vou repetir:

> ## "O QUE VOCÊ NÃO AGUENTA MAIS E QUER MUDAR IMEDIATAMENTE"?

"Senhor! Dá-me forças para mudar o que pode ser mudado, resignação para o que não pode ser mudado e sabedoria para distinguir uma da outra".

São Francisco de Assis, autor desta frase, viveu por apenas 44 anos entre os séculos XI e XII e ensinava a orar, acreditar em nós mesmos e em nossa própria sabedoria. Momentos difíceis, que todos nós experenciamos, sempre oferecem grandes aprendizados. Quando surgem não podemos "parar no tempo", mas "mudar o que precisa ser mudado" e "aceitar o que não for possível mudar". A sabedoria vem com o tempo e o exercício diário desse conhecimento.

Pense naquela frase popular que muita gente usa sem o menor pudor e nenhuma pretensão de conhecer e compreender a grande verdade que há nela: "Aceita que dói menos"? Pois é! Ela faz parte da sabedoria popular. E funciona!

Desses pensamentos surgem duas das mais importantes frases do Programa para serem exercitadas todos os dias e em todas as situações: "***Você é a pessoa mais importante do universo***", que se relaciona mais a um sentimento de identidade com o todo, e "*Está tudo certo, sempre*", vinculada diretamente aos sentimentos de ação e direção.

Inclua o sentimento de gratidão quando pensar nessas frases, principalmente nos momentos difíceis, e perceba a mágica acontecer. Traduzindo de outro modo: "**Você é o cara e está tudo no controle de Deus**".

Somos seres amados, no entanto, absurdamente complexos. Temos uma história em construção e cada um carrega uma experiência única. Independentemente de qual seja sua dor... "Somos Anjos uns dos Outros" e ninguém deve desistir de ninguém. Nunca desistirei de você. Por isso você está com este livro agora nas mãos. Este é meu sonho sendo colocado em prática exatamente agora que estou escrevendo e sabendo que um dia você lerá, pensando, sonhando... Se você está aí é a prova viva que não desisti de você nem de mim mesmo.

Às vezes, para "sair do lugar", é preciso ser um pouco mais objetivo na "provocação". Talvez, um pouco agressivo no modo de falar. Então responda agora (para você):

- Você precisa ter resultado em alguma área da sua vida?
- O que você fez até hoje para mudar seu "estado atual"?
- Para afastar-se da dor?
- Para aproximar-se do desejo?

Desculpe-me pela pergunta que vem a seguir. Compreenda:

- Você está sendo grande ou medíocre em suas ações?
- Você terá resultados sem buscar resultados?

Bem! Se você não jogou o livro longe depois dessas questões (acredite, vai piorar), conhecerá agora duas das maiores forças do universo que existem para a gente dar certo:

Se você quer acertar, pergunte! Para você mesmo e para o infinito:

1º) Seu sonho racional é congruente com o universo?

2º) Seu sonho racional é congruente com seu inconsciente?

Antes de comentar cada uma dessas questões, responda para mim:

- Você quer (mesmo) seu sonho?
- Você precisa (ou quer por que quer)?
- Você deve?
- Você pode?

128 SONHOS, DESAFIOS E EXPECTATIVAS

A seguir vamos à primeira parte fundamental em relação aos caminhos escolhidos há bilhões de anos pelo universo e acredite neles, mesmo que talvez ache um pouco "estranho", a princípio:

Seu sonho trará algum dano?

A humanidade estará de acordo quando todos souberem dele?

A natureza?

Os animais, as plantas, as "coisas" ficarão melhores?

Deus está feliz com sua decisão?

Há um pensamento que diz: "Deus está olhando". Acredite nele! E não há nada de religião, agravo ou punição aqui. Mas, Deus e o Universo "estão olhado" sempre, por você, por todos e pela vida. E se está de acordo com eles, seu sonho tem grande chance de dar certo.

Você é o universo, lembre-se sempre. No tema espiritualidade mostrarei em detalhes esta realidade para você. O que você é, desde antes de surgirem as partículas subatômicas.

Dito isso, vamos à segunda parte que nos levará a saber quem tem forte poder em nossa mente e definirá se faremos do jeito que acreditamos que faremos. Será que nosso próprio cérebro tem poder para decidir sozinho, sem que você "saiba"? Coisa doida isso, verdade? Não, não é doida e isso é muito importante. Preste bastante atenção aqui e finalmente assuma o controle. "Mostre quem manda em você, comandante"!

Deixe-me repetir a pergunta:

- "Seu sonho racional é congruente com seu inconsciente"?

Precisamos perguntar ao inconsciente se o sonho é SEGURO e, portanto, possível. Lembre-se do caminho: Sonho deve passar pela razão para tornar-se realidade. Razão. Possuímos todos um cérebro racional e uma parte inconsciente. Devagar agora para entender. Se compararmos nosso cérebro com um computador, em relação à velocidade de processamento das informações, que são "computadas", nosso cérebro racional trabalha a uma velocidade de 2 mil bits/s. Já, o inconsciente age com uma velocidade de 4 bilhões de bits/s. A pergunta que não quer calar: Quem você acha que manda na sua cabeça?

Por mais que você pense, raciocine, planeje tudo de bom para o futuro... o emocional de uma mentalidade sofredora, perdedora, que não se sinta merecedora... pode estar rindo sabendo que você está só perdendo tempo. Irá sabotar seus planos racionais e colocará tudo a perder. Lembre-se de tantos planos que fazemos no réveillon e que não passam de janeiro. Aí você pensa! Ok! Depois do carnaval... aí sim, agora vai... e quando se dá conta já estamos em outro réveillon fazendo novos planos e promessas. Mais um carnaval... Chega, verdade?

E sabe por que o cérebro inconsciente faz isso?

- PARA TE PROTEGER – essa é a função do nosso inconsciente. Ele não foi criado para "te ferrar", mas para manter no automático TUDO o que você precisa para a vida. Economizar energia. Se sua mente criou e acredita em uma história ruim, ele só irá repetir padrões para confirmar isso para você. Já, se a mentalidade for confiante, vencedora, sente-se merecedora, ele irá te impulsionar como um foguete, na direção do seu sonho.

Nada segura a força do universo que existe em você. A mente aciona poderosos motores para a vida e a felicidade. Inconsciente não pensa, age e reage por você, para você – mas você precisa dar a ele um destino. Imagine então essa força se você ainda "vai, caminha, segue de mãos dadas" com Deus?

Portanto, se você "acreditar" que pode, ELE IRÁ TE AJUDAR. Se você "acreditar" que NÃO pode, ELE IRÁ TE AJUDAR.

Nosso cérebro irá sempre direcionar o que é melhor para nós, mas precisa de você "acordado" para saber para onde vai. Daí a importância detalhada no primeiro livro do Programa SUPERCONSCIÊNCIA/FAMÍLIA DO FUTURO em assumirmos nosso posto de piloto no lobo frontal cerebral. Os motores são muito potentes (postos no inconsciente), mas precisam sempre de comando (razão). Só assim nossa vida decolará na direção que queremos (e merecemos).

Apenas um lembrete evolutivo do porquê dessas diferenças de capacidade de processamentos em nosso cérebro. O cérebro antigo, onde "mora" o inconsciente, a intencionalidade de Deus, já existe há bilhões de anos, dando sobrevivência para todas as espécies animais desde as primeiras formações primitivas neurais. Nosso lobo frontal, a porção mais avançada do cérebro atual, considerada cérebro "novo", entrou em fraco desenvolvimento há cerca de apenas 200 mil anos. Criança ainda, "tadinho"! Mas tem muito a colaborar, participando, ali, da nossa existência e sucesso, posicionado bem à frente da nossa cabeça. Uma exclusividade humana. É seu *cockpit*, onde você deve

130 SONHOS, DESAFIOS E EXPECTATIVAS

se sentar para assumir o comando da sua vida. Deus planejou assim, o universo construiu de acordo com o Projeto Dele, do Sonho Dele colocado no papel e posto em prática.

Agora pense no que vou dizer: a evolução não termina aqui onde estamos. Imagine o que vem pela frente nesse caminho do universo desenhado por Deus. Somos um dos infinitos "pontos de passagem" da vontade Dele. O que cabe a nós?

- Acreditar, compreender, encontrar significados maiores, e fazer boas escolhas. Para tanto, posicionar nosso cérebro todo para aprender, exercitar e aplicar a Grande Sabedoria, para ajudarmos o Pai nessa tremenda evolução.

Você ainda se acha pouco?

Capítulo **XV**

QUEM MAIS INSPIRA VOCÊ?

Nossos pais são os primeiros grandes inspiradores da felicidade. Mães, pais, universo e Deus. No entanto, muitos outros nos servem de inspiração, ao longo da vida. Desde criança olhamos para os adultos e alguns deles nos chamam mais a atenção do que outros. Só o inconsciente sabe o porquê disso.

Às vezes um avô, a avó, um tio ou tia, um parente mais distante, até mesmo um amigo da família ou alguém de fora do circuito mais íntimo.

Recordo que gostava muito de conversar com um homem negro, franzino, que passava a cada dois ou três dias pela frente da minha casa de infância, carregando um carrinho de coleta. A alegria dele era contagiante, um sorriso único. Sim, único, um dente só, mas com gargalhadas ele entregava um grande bom dia, boa tarde. Falava sem parar, sons que saíam de modo enrolado pela falta dos dentes e uma salivação exagerada, recordo, mas o que vinha daquela boca em sabedoria me encantava. Um homem bom, alegre, que me distraía e ajudava nos dias em que minha tristeza infantil me alcançava. Ensinou-me que um carrinho de madeira que o auxiliava no trabalho de coletar "descartes dos mais bem-sucedidos", um pequeno barraco para dormir, um prato de comida, que às vezes eu mesmo preparava para ele, e um bom "papo" eram imensas fontes de energia e alegria. Hoje sei que ele era um dos meus anjos e, por que não, agora sei que eu era o anjo dele, que sempre o esperava naqueles dias frios da minha cidade. Algumas vezes eu o via de longe, vindo com aquele sorrisão aberto, fazendo caras engraçadas, babando e sempre falando sem parar.

131

132 SONHOS, DESAFIOS E EXPECTATIVAS

Ainda criança recordo de um salva-vidas que trabalhava na praia onde passávamos a temporada de férias. Eu chegava, me sentava na areia, ao lado dele, e os papos iam longe, talvez até aquele infinito azul no horizonte. Ensinava-me sobre as marés, a força da lua, os perigos do mar e os locais proibidos, as ressacas, como nadar paralelo à praia caso estivesse longe e com dificuldade para voltar, isto é, como dizia ele, "na realidade da vida, nunca nade contra a correnteza, faça ela te ajudar". E eu contava das minhas histórias na escola, na cidade, sobre meus amigos... como eu tentava superar a "correnteza do *bullying*" que sempre acontecia por eu ser uma criança mais tímida e obesa.

Poderia seguir com muitas histórias de pessoas que me inspiraram e me ajudaram ao longo da vida. Contudo, quero comentar com você sobre alguns famosos que "surgem por aí". A maioria deles não conhecemos o suficiente para avaliar e jugar qualquer formação real de caráter. Porém, alguns sinais são importantes e quero deixar aqui mais claro alguns deles. São vencedores e construíram um caminho para tal. Serei extremamente objetivo, sem contar a história de cada um, apenas os pontos que interessam ao nosso tema.

Vamos começar com Airton Senna. Quem acompanhou as competições, a sequência de vitórias e o que ele demonstrava, dentro e fora das pistas de Fórmula 1, não podia negar características como: foco, determinação, disciplina... e ele sempre acreditava na vitória. Concorda?

- Pois bem, a pergunta que faço aqui é "quem tinha essas qualidades"? O Airton Senna das grandes corridas na década de 1980 ou o jovem Airton ainda com 14 ou 15 anos de idade?

Claro que todos nós construímos uma mentalidade ao longo da vida. No entanto, existem aspectos que já existiam em nós desde a infância. É o caráter, construído desde muito cedo pelo pensamento e um olhar diferenciado para o futuro. Esta é a história de cada um.

Lembre-se que temperamento é o "jeitão do bicho", inato; caráter é o que somos, por um "padrão de pensamento" construído desde cedo e ao longo da vida; e personalidade é o que "apresentamos para o mundo". Sim, somos uma mistura do temperamento, caráter e personalidade.

O que pensava o jovem Airton na infância e juventude? O que construiu este vencedor? O que ele fez? A que se dedicou? Independentemente da construção da "mentalidade de campeão", foco, determinação, disciplina e crença na vitória sempre são grandes fatores que precisamos observar em nós mesmos para "merecer o pódio".

Bill Gates, outra personalidade, um dos homens mais ricos do mundo. O que pensava quando jovem? O que fez? A que se dedicou? Foco, determinação, disciplina e a forte crença de que iria vencer.

Mahatma Gandhi, indiano especialista em ética política e que empregou uma novidade em termos de revolução, a "resistência não violenta", e desse modo liderou uma campanha bem-sucedida para tirar a Índia das mãos dos ingleses. Mahatma (sânscrito: "de grande alma"). Sim, um adulto digno de um povo e da História. Mas, quando jovem, quem era Gandhi? O que pensava? O que fez? A que se dedicou? Foco, determinação, disciplina e a crença na vitória.

Não se pode duvidar que tais características são fundamentais para a concretização de um sonho.

Não vamos nos cansar com uma lista de pessoas que venceram, cada uma em uma área própria de atuação. São muitas. Porém, quero levantar aqui mais três fundamentos que são também importantes: um padrão de excelência ética, legal e moral, para tudo o que pensamos fazer na vida.

O padrão ético é o caminho de normas que se observam como adequadas para a atuação em uma área de atividade, quer seja profissional, quer seja em uma comunidade específica. A ética médica, por exemplo, lista um código de comportamentos, ideais para o bom convívio entre os próprios médicos, os pacientes e a sociedade. Ética não quer dizer "fazer o certo ou o errado" aos olhos dos homens e de Deus, mas o "certo" dentro do padrão de pensamento daqueles que compõem o grupo. Por exemplo, a Máfia possui uma sólida ética entre eles e normas de comportamento que, se alguém falhar nesse código, todos sabem qual será o fim.

O padrão legal são as normas e as leis criadas para serem observadas por uma população em determinada área geográfica e temporal. Por isso procedimentos médicos são formalmente tratados no âmbito da ética sob a orientação do Conselho Federal de Medicina, mas também no campo da responsabilidade civil e penal, limites da legalidade. A Máfia age com uma ética própria, porém, os objetivos e as ações muitas vezes se encontram fora da legalidade.

134 SONHOS, DESAFIOS E EXPECTATIVAS

O padrão moral são regras para serem seguidas pela humanidade. Talvez eu possa aqui resumir em "Amar a Deus sobre todas as coisas e ao próximo como a si mesmo". Apesar de serem aqui leis maiores, com valores superiores à ética e à legalidade, pense comigo o que é imoral para todos nós? Será que a moral "maior" depende de uma época e lugar e pensar assim talvez não seria uma afronta a Deus?

Para entender aonde quero chegar imagine as pessoas se divertindo na praia que seus avós passavam a infância. Agora "observe" as roupas de banho que cobriam quase todo o corpo. Então, volte para os dias de hoje e veja sua filha de biquíni, cobrindo quase nada do corpo, e caminhando tranquilamente na areia com duas amigas. É uma cena imoral? Ela é imoral? Você é imoral? A sociedade atual é imoral? Se for assim, o que foi a década de 1980 com o "fio dental". Fio dental? Até o nome era esquisito (mas, ninguém achava esquisito).

Minha mãe contava, e com muita tristeza no coração, que depois de um mês de namoro com meu pai, ele, ao deixá-la no portão da casa dela após um passeio, deu um beijo na boca. Minha avó "viu tudo", por uma fresta da cortina. Ao sentar-se para jantar uma deliciosa sopa que a esperava, feliz naquele sentimento maravilhoso como poucas vezes os apaixonados experimentam, sentiu um forte tapa na boca desferido pela própria mãe, seguida da frase que "aquilo que aconteceu lá fora nunca mais se repetisse". Conta que tentou levantar-se chorando e com muita dor, na boca e no coração, mas minha avó a fez sentar-se novamente e tomar a sopa. Sempre me recordo do momento que ela contava que a sopa ficou "molhada" com o sangue que ali escorria e que era então obrigada a tomar para nunca mais esquecer "aquela lição". Claro que não obedeceu, caso o fizesse eu não existiria, concorda?

Minha avó amava a filha, mas vivia as próprias verdades. Deve ter apanhado pelos mesmos motivos. Minha mãe passou a beijar meu pai, mas nunca mais sem um sentimento de culpa. Responda para mim: Merecemos "certezas"? Por isso este Programa é repleto de provocações sobre nossas "verdades". Quais são as suas? As minhas? Vigie e ore. Respeite.

Quero te contar algo muito importante: minha avó sempre foi uma mulher forte, altiva e determinada, também muito boa, amorosa e torcia demais por todos nós. Como disse, amava muito a filha. Qual era a moral que vigia ali naquela época, naquela casa? E hoje, como agir?

Hoje, ao ver minha filha apaixonada, surpreendida em um beijo (ou até um pouco mais que um beijo), mais tarde eu daria um forte abraço e reforçaria saber o quanto eu estaria feliz por ela.

Desse modo, chegamos finalmente onde quero. A ética é relativa, pode até evoluir, ser atualizada, mas não significa o bem ou o mal. A legalidade, por sua vez, pode nos proteger, mas também afrontar o bem e se tornar no mal quando leis "passam por cima" das pessoas e, por exemplo, tiram direitos. Uma lei pode permitir a desapropriação por interesse social e ser de fato "um interesse" bem duvidoso. Em tempo, a História do Direito é linda. E, como exemplifiquei com "biquínis", até a moral humana é mutável.

Já o amor não perece, não desaparece, mas, ainda assim é capaz de evoluir. Só a moral e o amor de Deus nunca terão fim.

E por falar em amor, sonhos e direção, certo dia estava caminhando no centro da cidade onde moro e encontrei um conhecido. Ele, ainda muito jovem, estava com uma cara bem alegre, o que me levou a perguntar o que o havia deixado tão feliz. E ele me contou. Acabava de sair do banco onde conseguiu finalmente juntar dinheiro suficiente, economias de um ano de trabalho, para retornar à Índia. Sim eu disse retornar, porque ele já havia feito isso outras vezes. Ajudar lá, tão longe, a crianças pobres serem mais felizes.

Esse exemplo que acabo de dar serve para mostrar que para nos inspirar "fora de nós" não é preciso apenas campeões, vencedores com centenas de títulos, pessoas que conquistaram sucesso, fama e fortuna. Mas, pessoas que carregam dentro do peito "um coração maior que o mundo". Um coração merecedor do verdadeiro pódio.

Então, retomo à pergunta:

- "Quem mais inspira você"?

- Muitos!

Mas, para encerrarmos essa história, acredite:

- É Você quem mais inspira a você mesmo.

Você é o espelho da sua própria grandeza, lentamente construída ao longo da vida (caráter), diante da ética, as leis e a moral. Você é dono das suas escolhas (piloto), principalmente ao decidir sentar-se no *cockpit* da torre de comando do seu cérebro e avaliar, desde ali, o planejamento estratégico e a visão do futuro que você e as pessoas que ama merecem. A natureza espera isso da gente. O mundo pode ser fluido, você não.

136 SONHOS, DESAFIOS E EXPECTATIVAS

É verdade, eu e você podemos errar, não avaliar bem um caminho e em determinados momentos da vida, e da nossa imaturidade, até "fazer sangrar a boca, o coração e a alma de alguém que amamos", afinal, somos humanos (falhos e pecadores). Mas, nosso objetivo maior na vida é construirmos um belo caminho, para um dia, lá na frente, chegarmos na presença de Deus, Ele sorrir para nós e dizer assim:

- "Parabéns meu filho, filha. Você deu seu melhor e me orgulho muito por isso"!

Bem! Meus avós, meus pais e uma das minhas queridas irmãs estão todos agora "na casa do Pai". Um dia terei muito orgulho de estar lá com eles e finalmente perguntar para Deus: – "E aí Cara! Como é que foi? Como eu fui?", enquanto espero sorrindo para ouvir (a bronca) direto Dele. E, ainda, depois de "sentir" tudo o que ele tem para me falar e ensinar, vou perguntar para Deus:

- "Ok, Deus! Mas..., o Senhor viu por aí um negão carrinheiro apenas com um dente só"? Estou louco para dar um grande abraço nele".

- "Ele está bem ali, filho, ao lado daquele salva-vidas. Falam muito de você desde que chegaram aqui. Vai lá agora, com toda energia que aprendeu também deles, desde a infância, agradeça e conte para eles que sim, 'Valeu muito a pena'".

Capítulo **XVI**

O Que É Sucesso?

Certa manhã saí de casa para a minha caminhada. Em uma banca de jornais na esquina por onde passava, lá estava, pendurada entre tantas revistas, uma que me chamou mais atenção. Dessas que querem mostrar para todos nós onde está o sucesso tão desejado. Não sei se olhei para ela pela cor, o brilho da estampa, a chamada..., ou parte do destino que faria com que ela me inspirasse para falar desse assunto aqui para você.

Na capa, abaixo, estava a foto de quatro jovens, lado a lado, com "caras e bocas" sorridentes, ar de vitória, apesar de nitidamente nenhum deles parecer saber onde colocar as mãos. Conhece aquela situação artificial que todos nós vivemos quando posamos sem graça para uma foto? Pois é! Apenas uma curiosidade (irônica).

O nome da revista foi muito bem escolhido porque valoriza bastante o assinante dela, o que claro, eu apoio totalmente. E logo abaixo do nome, lá estava a *headline, a chamada,* em letras maiores: "FAÇA O SEU PRIMEIRO MILHÃO antes dos 30 anos".

Um texto logo adiante começava assim: "Apesar da crise, a cada dia surgem 33 novos milionários no país..." Interessante, pensei.

Mas..., o que me chamou ainda mais a atenção não foi o título em si mesmo ou a proposta, antes de seguir meu caminho notei que lá estava no topo da revista outra chamada para uma reportagem secundária: "Válvula de Escape. Executivos recorrem a esportes radicais em busca de equilíbrio e qualidade de vida".

Bem! Para alcançar um sonho milionário há um preço a pagar. E esse pode ser muito alto.

Deixe-me deixar claro para você que em momento algum estou falando aqui algo contra ganhar muito dinheiro, ainda mais fruto de um

137

138 SONHOS, DESAFIOS E EXPECTATIVAS

trabalho digno..., nada contra. Portanto, nem se discute o modo ético, legal e moral para ganhá-lo, afinal, fazer o correto é obvio para nossa proposta. Mas, quem está ali para ganhar aqueles milhões? Quem são essas pessoas? Quais os pensamentos? Os sentimentos? Os Sonhos, Desafios e Expectativas? Relembrando o capítulo anterior, agora de modo direto, QUEM mais inspira você?

Sucesso, todos nós já sabemos que não é apenas possuir uma conta gigante. Sucesso é construir um coração gigante. Ok! Pode ser com bastante dinheiro até para poder usá-lo também na comunidade. Contudo, é preciso um coração suficientemente preparado para que saiba "pensar" com o cérebro novo, aquele que mantém um sistema límbico emocional sob controle das rédeas de um grande cocheiro, ou melhor, você, piloto, sentado no *cockpit* do seu jato. Uma conta bancária gorda, mas, sem direção, sem saber viver o presente de NADA adianta. Até mesmo os esportes radicais para funcionarem como válvulas de escape precisarão de "significado e sentido".

A vida é o que acontece aqui, agora, no HOJE de todos os dias.

E por que importa tratar disso neste momento?

Você passa por aquela banca de jornais que citei no início deste capítulo, compra a revista e começa a sonhar. Você está ali, com 18 anos de idade, e quer muito ser reconhecido por seus iguais, sentir-se útil e agora conquistar o primeiro milhão. Passa a se organizar para que este sonho se torne realidade. Traz para o papel metas, obstáculos, facilitadores... tudo o que nós mesmos propomos neste livro. Contudo, muitos de nós nos distraímos nesse caminho e esquecemos de nós mesmos e das pessoas que amamos, mesmo pensando que também estamos "fazendo" por elas.

De nada adiantará muitos milhões em seu nome se no percurso não se formou uma mentalidade para o ACREDITAR, COMPREENDER, DAR NOVOS SIGNIFICADOS PARA AS COISAS E FAZER NOVAS ESCOLHAS. Construir uma mente privilegiada começa hoje.

Muitas são as vezes que sonhamos e a vida nos direciona para vitórias que nem sequer imaginávamos. Os obstáculos vão carregando e conduzindo nossa alma para locais sempre maravilhosos, mesmo que não pareçam, a princípio. Sabe por que tenho tanta certeza disso? Porque VOCÊ é o brilho da vida, mesmo que nenhum daqueles sonhos e mesmo os milhões em dinheiro, propostos pela revista, aconteçam. Você é o ator principal. Para a imagem em seu espelho, para o seu quarto, sua cama..., e sua família.

O sucesso de verdade está no "exatamente agora" que você lê este livro, e na soma de todos os "agoras" que irá desejar prestar mais atenção a partir de hoje. Não foi à toa que Jesus disse, e eu repito tanto em meus livros e palestras: "Vigie e ore". E ore baixinho porque é uma conversa reservada e única entre você e Deus. Esta boa conversa é o sucesso; fazer as coisas que precisa serem feitas é o sucesso; amar ao próximo como a si mesmo é o sucesso. E não estou sendo religioso aqui, apenas tomando emprestado "falas" poéticas das escrituras que são semelhantes em fundamentos com diversas outras doutrinas e filosofias. Sabe por quê?

- Porque a felicidade é discutida pela humanidade desde que descemos das árvores. Será que já existe um pensamento e uma resposta maior e melhor sobre o sucesso do que o apresentado naquela revista que "se você seguir direitinho terá que fazer esportes radicais para tentar manter a sanidade"?

Que mentalidade o mundo está criando para nós, que mentalidade conversamos em casa, nas escolas, discutindo com amigos, colegas de trabalho? Que mentalidade olhamos em nossos pais? Vou repetir porque é importante. Sonhe com um trabalho, com economias, aplicações financeiras e uma vida mais confortável e bonita. Nada contra. Mas nunca esqueça de você mesmo.

Deixe-me contar algumas historinhas para você se sentir mais à vontade com este assunto, por vezes delicado.

Recentemente uma famosa medalhista olímpica contou em público, e para milhares de pessoas, que, quando ainda jovem e no ápice da carreira, conseguiu um maravilhoso contrato para um belo patrocínio, grande desejo e expectativa de todo atleta. Este contrato a impulsionaria para o sucesso certo, a concretização do sonho de toda uma vida. Poucos dias após o contrato assinado, feliz que estava, desconfiou de algo que se confirmou logo em seguida: estava grávida.

Disse ter sido um descuido, não importa, era a realidade. Imediatamente aconteceu o cancelamento do contrato, fato previsto em uma das cláusulas, e, como consequência, o fim de tudo o que era tão

140 SONHOS, DESAFIOS E EXPECTATIVAS

esperado para aqueles anos que viriam. Um obstáculo gigante, uma perda sentida como irreparável, impensável, inegociável. Motivo para muitos dramas, choros e lamentações.

Procurou a família, já bastante machucada com tudo aquilo e foi bem recebida na casa dos pais. Apesar da tristeza de todos com a situação da perda de um contrato tão esperado, sonho de uma vida, a impossibilidade de participar dos jogos naquela temporada e talvez para sempre, para o que tanto havia se preparado..., depois de muita conversa doída com a mãe, o pai se manifestou, após um longo silêncio:

- "Não vou permitir que quando a vida e a felicidade batam na minha porta eu não abra para elas". Foi o que bastou.

Aceitação e reconhecimento, como eu mesmo tanto insisto, como o caminho pela vida que sempre é construído com trocas e não perdas. Renuncia-se a uma carreira, dinheiro, fama, ao menos momentaneamente, como no caso dessa atleta de sucesso, para gerar vida, que a faz muito feliz até hoje.

A frase do pai nunca mais saiu da cabeça dela, o que a ajudou na construção de uma nova mentalidade. Após o nascimento do filho e o tremendo sucesso que ainda teve nas quadras do esporte que praticava, a vida mais uma vez agiu e a levou a morar nos Estados Unidos da América. Lá ela fez parte de uma ONG que ajudava mulheres grávidas a escolherem a vida em troca do aborto, aborto esse que era permitido no Estado onde vivia. Não forçavam, apenas apoiavam e ajudavam a decidir, sem nenhum julgamento. E ela utilizou aquela frase do pai por milhares de vezes nas conversas que tinha com as jovens e angustiadas mães:

- "*Não vou permitir que quando a vida e a felicidade batam na minha porta eu não abra para elas*".

Conta, esta maravilhosa atleta, que anos depois começou a receber cartas das mulheres que "ajudou a pensar melhor", muitas com as fotos dos filhos nos braços, crianças sorrindo, amadas, e muitas das mães declarando que aquela frase, daquele pai, tinha salvado a vida daquelas crianças. Uma frase, como início da fantástica história para milhares de famílias.

Sim! A vida é o que acontece hoje..., e a felicidade é o que você pensa e faz hoje. Passado e futuro são apenas testemunhas vivas das nossas escolhas. Portanto, "faça escolhas certas".

Sem saber, e apenas para ajudar a dor no coração da filha naquela noite de tensa conversa sobre um "grande problema para resolver", um pai fala e faz "a coisa certa" e não só ajuda no destino da filha, no esporte e na vida, mas, por meio dela, age no sucesso de milhares de crianças e histórias, em todo o mundo. Note que a energia do bem nunca termina, afinal, essa história repetida aqui para você pode ainda salvar muitas crianças.

Sucesso é poder. Este poder que sai pela boca quando se tem um grande coração, um coração e uma mentalidade digna da vida.

Mas, como as histórias com pais são sempre interessantes, permita-me contar mais uma que mostrará para nós a mescla entre coração, mentalidade, apoio de um pai e dos amigos, na hora certa, e todos aqueles anjos que passam por nossos caminhos. Quem somos nós, afinal? Por que o passar do tempo é tão importante e tudo o que torna maravilhosa a vida não depende "do destino que um dia imaginamos" para se tornar o destino que merecemos?

Jim Yong Kim é atualmente o Presidente do Banco Mundial. Esse banco tem como uma das principais atividades servir como fonte global de assistência financeira para o desenvolvimento.

Médico, antropólogo, nasceu em Seul, Coreia do Sul, em 1959. Mudou-se para os Estados Unidos da América aos 5 anos de idade. Na juventude, como muitos da idade dele, adorava esportes e certo dia disse para o pai que não queria mais seguir a carreira de médico, sonho que tempos antes já havia declarado para a família.

Esta história contada em um livro torna-se bem curiosa neste momento porque ele disse isso ao pai quando este dirigia por uma estrada. Conta ele que o pai imediatamente freou o carro e parou no acostamento para uma "boa conversa". Graduou-se médico.

Como médico, já nos primeiros anos após a formatura, comandou o Dartmouth College e foi diretor do Departamento de HIV da Organização Mundial da Saúde – OMS. Essa experiência trouxe para ele a lembrança do país de origem e maior contato com o sofrimento humano.

Em 1990, junto com dois colegas médicos, Ophelia Dahl e Paul Farmer, fundaram uma ONG – Parceiros em Saúde, cujo objetivo era apoiar programas de saúde em comunidades pobres. Atuaram no Haiti, Peru, Rússia, Ruanda, Lesoto, Malawi e nos Estados Unidos.

142 SONHOS, DESAFIOS E EXPECTATIVAS

Preste atenção aqui. O que eles estavam para realizar não existia ainda. Nem em pensamento na vida de cada um deles. Sabe aquela história que "os problemas" vão conduzindo nossas escolhas e estas carregam a vida da gente para lugares muitas vezes inimagináveis? Pois é.

Que realidade eles precisavam enfrentar?

- Pacientes morrem por doenças cujo cuidado não interessa ao "mercado"; ajudaram a desenvolver um tratamento para tuberculose resistente a múltiplos antibióticos; implantaram esse tratamento em larga escala em um país absolutamente pobre; conseguiram reduzir o preço dos medicamentos em até 90%; salvaram milhares de pessoas do sofrimento e da morte certa; repetem esta proeza hoje em mais de 40 nações.

Vamos colocar uma vida em escala de tempo?

1959 Nasce em Seul, Coreia do Sul; 1964 Imigra para os EUA; 1987 Forma-se em medicina; 1990 Funda a ONG Parceiros em Saúde... Encontra uma necessidade tremenda de fundos (dinheiro, grana, boró, dólares) para prosseguir com o sonho. Procura o Banco Mundial sem sucesso...; Simples! Em 2012 Torna-se Presidente do Banco Mundial na Gestão Obama. Não conseguia recursos DECIDIU (decidiu) se tornar presidente do banco. 2017 Reeleito para mais 5 anos.

Tratamos aqui neste livro de mentes em formação: 1959 a 2017... são 58 anos de "caminhada". Verdade, um sonho demora uma vida, às vezes mais que uma vida; lidamos com destinos inesperados: quando que uma criança de 5 anos, um jovem que deseja ser atleta, depois um médico que passa a querer ajudar a humanidade... sonharia em se tornar presidente do Banco Mundial?

Não é à toa que a vida é contada em anos e cheia de surpresas; não é "de graça" que as dificuldades conduzem nossa vida; não é sem motivo que "anjos" passam por nós e ajudam, de diversos modos, por tantas estradas. Pais, amigos, esposas e maridos...; se não aceitarmos ajuda, se não pensarmos mais e melhor, se não reconhecermos nossos erros..., as coisas não "cairão do céu". Há sempre uma história por trás de um sonho. E você leitor, tem uma grande história para contar.

Permita-me retornar aqui a mais um assunto que foi "conversado" capítulos atrás: foco; determinação; disciplina; acreditar na vitória (mesmo sem saber qual), aceitar apoio no momento certo; salvar vidas, ajudar os outros, crescer até o topo do que um coração é capaz de permitir. Você não precisa ser presidente de nada. Apenas "amar a Deus sobre todas as coisas e ao próximo como a si mesmo".

Um pensamento de J. Y. Kim: *"Educação não é apenas transferir conhecimento, é aprender a se tornar um cidadão do mundo, trabalhar efetivamente com os outros, como pares, como um time, é emergir dos estudos com forte e robusta filosofia de vida"*.

Então lembre-se. Sucesso não é do dia para a noite. Leva anos!

Quando eu dou a palestra SONHOS, DESAFIOS E EXPECTATIVAS, à medida que vou contando a história do Sr. Kim, faço um paralelo com a minha vida. Afinal eu nasci em 1960, ele em 59; aos 5 anos ele foi para EUA, eu mudei de um apartamento pequeno no centro da cidade para uma casa grande perto da Universidade Federal do Paraná. Aos 13 anos de idade, e provavelmente sequelas de uma puberdade um pouco conturbada, vivi diversos problemas na escola e no final do ano tudo indicava que iria reprovar.

Lembro-me como se fosse agora, quando entrei em meu quarto, estava triste e para um espelho (que eu nem lembrava que existia). Encarei minha dor e tomei uma decisão de que não iria reprovar. E venci. Tremendo resumo aqui. Decidi lutar por mim mesmo e construir minha própria história. Nunca mais parei de estudar. E isso me deu muita força para recusar drogas aos 15 anos, afinal, não deixaria que nada atrapalhasse meus planos. Do mesmo modo, numa decisão, já tinha realizado uma amizade espiritual com Jesus, mesmo sem estar ligado a nenhuma religião. Aos 18 anos reforcei meu sim para a vida negando um aborto que me foi oferecido quando uma namorada engravidou. Assumi mais este compromisso e hoje meu filho vai muito bem, obrigado.

Aos 26 anos me formei em medicina; aos 29 abri minha empresa especializada em ajudar as gestantes na avaliação da vitalidade fetal, tecnologia nova para a época que evoluía a passos tão rápidos que era difícil acompanhar. Aos 39 anos, dedicando-me acima da média a meu trabalho, quando me dei conta chegue a 120kg, hipertenso, pré-diabético. Outra decisão foi necessária. Mudei mais uma vez minha vida e perdi 43 quilos, sendo que a pressão alta eu nunca mais vi. Saiu sem se despedir a má educada. Diabetes? Não conheço, não fui apresentado a ela.

144 SONHOS, DESAFIOS E EXPECTATIVAS

Com muito estudo dentro desse conhecimento "alimentar", que passei a interagir e tanto faz falta na faculdade de medicina, comecei a dar palestras de nutrição para muitos grupos, escolas e empresas, e o resultado foi tão bacana que quando vi estava repassando meus "achados" por todo o Brasil, e sempre sem cobrar nada. Pagavam apenas as despesas. Foi quando percebi que muitas famílias estavam sofrendo, produzindo e rendendo pouco, e se divorciando, deixando muita dor para os filhos e todos que conviviam. Com meus estudos também em outras áreas, como a da psicologia, filosofia..., montei e construí palestras para casais; para autoconhecimento; funcionamentos de mentalidade; sonhos (este que se tornou o livro que você segura agora); sexo e sexualidade; trauma depressão ansiedade e, por fim, espiritualidade. E pensar que tudo começou como um retorno para a sociedade, por tudo o que havia recebido...

Esses temas todos me levaram a criar o Instituto Jacyr Leal que, apesar de carregar meu nome, traz de fato uma homenagem ao nome do meu pai, Jacyr Leal. (Ninguém mandou ele me dar o mesmo nome. Aliás, minha mãe mandou. Ele me registrou como João Leal Neto, nome do meu avô, pai dele. Minha mãe, quando soube, fez ele retornar ao cartório, pagar uma multa e registrar com o nome do pai, não do avô. Me tornei "Junior". Fazer o quê, verdade?). E por orientação de um advogado do terceiro setor, hoje também dirijo a Empresa Frat.er Brasil SS, criada para que todo este material possa chegar de maneira mais fácil às suas mãos e, melhor, ajudar você a transformar também outras vidas. Não apenas a sua, a minha, mas a de todas as pessoas que amamos.

Na verdade, acredito no destino e vejo um vencedor em cada um. Acreditei em mim, acredito em você, na sua história, nas suas possibilidades e na capacidade de você também aprender com os anjos, esses que sempre estão ao nosso lado – pais, mães, filhos, parentes amigos, um professor, o "cara que vende picolé na esquina ou aquele que cata papel pelas ruas da cidade" e sorri para você parado em um sinaleiro. Enfim, todos aqueles que são anjos uns dos outros, e muitas vezes nem sabem disso, também estão no processo da vida. Acredito no aprender a "fazer a coisa certa". Portanto, lembre-se sempre:

- Vive um grande Herói em seu coração.

E o resto?

- O resto deixa com Deus.

Capítulo XVII

PASSADO, PRESENTE E FUTURO?

Existem milhares de histórias que podem ser contadas e o cinema sempre encontra uma maneira interessante e bonita para passar mensagens que todos nós adoramos. Você assistiu ao filme Duas Vidas com Bruce Willis?

Um homem de sucesso, muito rico, vivendo o que há de melhor em luxo e sustento, porém..., sozinho e infeliz. Eis que certa noite ouve um barulho estranho em casa e ele pensa ser um ladrão. Descobre, para surpresa, que é uma criança, dentro de casa. Como chegou ali?

Com aproximadamente 10 anos de idade, gordinho, agradável aos olhos, mas chato. Muito chato. Logo mostrou que não sairia do pé do adulto até entender e conseguir o que queria.

Após diversas cenas curiosas os dois se dão conta de que o menino é, na verdade, "ele criança" que vem do passado para cobrar o porquê "ele, adulto," estava infeliz.

"Como assim...?" Disse o jovem rapaz em determinado momento, apontando o dedo na cara "dele mesmo", adulto. "Ele" criança em pé e "ele" adulto sentado no sofá para que dedos em riste dos dois ficassem na mesma altura, um enfrentando o outro.

- "Como assim, não tenho um cachorro"?
- "Como assim, não tenho namorada"?
- "Como assim, não sou piloto de avião"?
- "Como assim..., eu só sou rico"?

E após listar todas essas questões sai correndo, chorando e gritando: - "Eu sou um fracasso"!

146 SONHOS, DESAFIOS E EXPECTATIVAS

Que bom se nosso passado, a criança sonhadora e ingênua, pudesse vir até nós no presente para cobrar tudo de bom que poderíamos ser (ter sido, ainda há tempo para ser). E..., será que não pode?

- Acredito que sim. Afinal, tudo é possível em nossas mentes e "espelhos". (Vai estudar Jacyr, não vai reprovar, não! Faça o que precisa ser feito! Disse para mim o espelho do meu quarto. Curioso, meu espelho "olha por mim" até hoje).

- "Deus! Traz minha criança agora aqui, por favor"!

Então Deus responde:

- "Ela já está com você, apenas esqueceu-se dela".

Lembrei-me agora dos "milionários antes dos 30 anos", daquela revista pendurada na banquinha de jornais. Será que pelo dinheiro esquecemos nossos maiores sonhos? Uma coisa eu sei. A cara de espanto do personagem de Bruce Willis recebendo esta lavada dele mesmo criança é emocionante e impagável. Nesses momentos vemos a atuação dos bons atores. Só que nós não somos atores, somos reais, assim com o tema principal trazido pelo filme e por este livro aqui e agora: como desenhamos nossa vida, pelo bem e pelo mal.

O passado sempre virá nos cobrar.

Depois de tanto azucrinar o adulto, coisas de filme, outra característica importante para cada um de nós: O adulto passou a escutar a criança e como num acordar dos sonhos que estavam desviados, ou ao menos incompletos, em uma das últimas cenas do filme aparece o adulto e a criança como que "paralisados", um agora ao lado do outro e não mais se enfrentando, porque viam a ele(s) mesmo(s) a distância, já mais idoso, subindo para pilotar um pequeno avião, acompanhado de uma linda mulher, um maravilhoso cachorro..., e, antes de entrar no avião, a representação do futuro olha para trás, na direção deles, dá um belo sorriso, embarca e vai embora.

Sim, aquele idoso era "eles" no futuro. O garoto conseguiu. "Nossa" criança interior, que ainda vive em nós, é capaz de vencer as ilusões do adulto e nos tirar das mais fortes armadilhas que criamos, para nós mesmos. E, enfim, ainda aproveitar ao máximo do nosso passado, presente e futuro para que possamos crescer cada vez mais, vencer e "ser feliz".

Por isso insisto tanto no "acreditar; compreender; dar novos significados; fazer novas escolhas", valores do programa que são de fato transformadores. Aí você diz: – "Mas é apenas um filme"! Este livro aqui existe para fazer você acreditar em si mesmo e, também, em filmes.

Então, vamos aprender mais uma coisa agora. Desde o início do Programa SUPECONSCIÊNCIA/FAMÍLIA DO FUTURO eu trago a ideia de que "somos anjos uns dos outros", que sempre encontraremos pessoas que nos ajudarão em nosso caminho, por meio de diversas histórias. Agora uma novidade que irá te auxiliar muito:

"SOMOS ANJOS DE NÓS MESMOS"

Quer seja nossa criança interior ou nosso idoso projetado no futuro, mas, e principalmente, você agora capaz de enxergar melhor sem as distorções das ilusões e fazer as verdadeiras escolhas. Porque de uma coisa tenho certeza: todos nós sabemos "o que precisa ser feito". Chega de sabotagens. Seja você muito rico, pilotando o próprio avião, com um belo cachorro e uma linda namorada..., ou namorado, quando no caso for você a comandante. Pergunte sempre para a criança que ainda vive e sempre reinará em você:

- "Esta é a verdadeira rota que planejamos"?

Vamos falar agora de alguém que também foi um grande astro de cinema, no entanto, queremos olhar para a vida real dele, não um roteiro de filme. E isto, para nos inspirar naquilo que devemos pensar e fazer.

Mente no topo e uma declaração de vida.

Bruce Lee foi um dos maiores lutadores de artes marciais da história e viveu maravilhas no cinema. Sucesso absoluto e muita riqueza. Porém, certa vez ele contou o que o levou a ter tanto sucesso nas telas e fora delas: – "ENTREGAR VALOR PRIMEIRO".

Disse que o que mais importa na vida é a troca de energia com o universo. Troca é dar e receber. Portanto, fez uma declaração que pensou, escreveu e guardou para sempre":

- *"Vou me tornar o melhor, obterei sucesso e alcançarei riqueza, paz e felicidade. 'Mas, em troca disso', darei o melhor da minha capacidade, qualidade e entusiasmo"*.

Daqui nós tiramos uma conclusão que é facilmente reconhecível de modo inverso em nossos dias, na vida de muita gente. Um dos maiores males do século: – "Querer algo a troco de nada".

148 SONHOS, DESAFIOS E EXPECTATIVAS

Permita-me usar um olhar das escrituras.

"Deus não aceita como oferta alimento impuro, animais cegos, machucados ou doentes". Malaquias.

Então, agora vai:

- Temos que oferecer nosso melhor, isto é, dar primeiro para o universo. Excelência é a marca de Deus.

Nunca esqueça:

- Você é um sonho de Deus.

Acha que Ele "sonha pequeno"?

- Verdade! Você não é pequeno.

Apenas parecerá menor até acreditar no que Ele "creditou" em você. Nem que sua criança interior precise vir do passado para "te acordar".

Paulo já foi mais direto:

- "Não reclame, ofereça seu melhor e você brilhará como as estrelas do universo".

E aí, leitor? Este livro em suas mãos existe só para fazer você brilhar como as estrelas do universo. Não faz ideia de que estou escrevendo aqui e agora sorrindo e torcendo demais por sua felicidade.

Aceite o convite do seu espelho, da sua criança, do seu adulto, do seu idoso e de todos nós.

Capítulo **XVIII**

UM CÉREBRO EM AÇÃO

Para seguirmos em frente quero antes retomar uma frase com a qual iniciei este livro: "*Você é o resultado de todo planejamento, dedicação e energia que permitiu investir em si mesmo até hoje*". Leia devagar, repense cada palavra, afinal, neste ponto do livro as ideias já estão mais claras e esse entendimento é a chave para a sequência do que irei expor.

Certa vez comprei um bom livro, cujo nome era "Você é do tamanho dos seus sonhos". Interessante e correto, entendi a proposta do autor, porém, e aqui apenas para uma provocação, pensei, se ficarmos parados no sonho, que tamanho alcançaremos?

Então, imediatamente modifiquei a frase, como em uma brincadeira, para "Você é do tamanho do que acredita". Sonhar é importante e acreditar no sonho, um passo a mais, no entanto, ambos ainda não tiram você do lugar. Muito bem, então precisamos agir e a frase ficou assim: "Você é do tamanho da sua ação". É preciso sonhar, acreditar e agir, mas agir com direção. Como fazer isso? Será que o universo pode nos ajudar, já que nosso sucesso será também o sucesso dele?

Lembrei do meu cérebro e como ele age para que caminhos se tornem realidade e potencialize resultados. Neste momento me veio a mesma frase, porém, desse modo:

- "Você é do tamanho da sua percepção".

Um pouco estranho, verdade? Mas, lembra-se do garoto que veio do passado para "acordar" o adulto, fazer perceber, enxergar que estava "perdido", apesar de aparentemente vitorioso (aos olhos de quem?).

Perceber! Vamos entender devagar essa qualidade neurológica. Como fazer acontecer a partir do "sonhar, acreditar, agir, perceber"? Como domar o inconsciente e colocar ele e o universo a seu favor?

150 SONHOS, DESAFIOS E EXPECTATIVAS

Em primeiro lugar sempre procurar fazer o que é o correto e aguardar o tempo Dele. Sim, é verdade, "as coisas" acontecem no momento certo e não em nosso tempo humano. Mas, "continue a nadar", como já insistia Dolly no roteiro do filme "Procurando Nemo". Continue a nadar; continue a nadar; continue a nadar... e este pensamento e ação salvou todos os peixes que estavam presos em uma rede.

Como já vimos, para o inconsciente usar toda a força das próprias turbinas, a fim de te ajudar, faça o cérebro primitivo perceber que "é seguro".

Por que ele sabota sua intenção?

Para proteger você, lembra? É o trabalho dele e sabe fazer muito bem. Se você não contar para ele o que quer e que estará tudo certo, ele não possui um "racional próprio" para entender, ele apenas age e reage no automático. Você é "dono" de um racional, com um *cockpit* de comando.

Mas..., como fazer esta comunicação caminhar de modo adequado no cérebro, e onde entra aqui a percepção?

1. Sinta (sim, do verbo sentir), sinta em seu coração todos os dias seu futuro realizado. Lembre-se que "sentir" é cérebro primitivo e assim você "falará a língua dele, que ele entende". E sentir o futuro, enxergar seu desejo realizado, faz com que aos poucos ele, o inconsciente, se acostume com a ideia e "perca o medo", principal motivo das sabotagens.

2. Seja muito claro com seu desejo. Bastante específico. É preciso contar exatamente o que se quer para que o cérebro vá atrás, esteja aberto e, desse modo, PERCEBA no mundo tudo o que é necessário para a construção do seu projeto. Se ele não sabe bem o que você quer, como enxergar? Como perceber que a oportunidade está bem ali à sua frente?

3. Aja imediatamente sobre as metas. Repetindo aqui: Faça o que é correto e apenas observe o tempo Dele. Deus agradece.

Isso aumenta a percepção e os milagres começam a acontecer. Milagres aqui não são questões míticas ou místicas, eles estão em todo lugar, nós apenas não percebemos quando não estamos abertos, "ligados a eles". Tá ligado? Dizem os jovens, talvez, muitas vezes apenas como uma expressão própria da idade, mas já com uma sabedoria universal ainda bem pouco consciente.

Então, vamos adiante.

O cérebro primitivo inconsciente "percebe" do mundo as energias que captamos pelos órgãos dos sentidos, muito mais do que o faz a própria consciência. Como detalhamos em outro tema do Programa "Amor, Cérebros e Escolhas", nosso primitivo cria categorias de percepção para poder reconhecer, reagir e nos proteger de modo ainda mais rápido. É uma função real e perfeita da biologia. O cérebro primitivo percebe um vulto e imediatamente se afasta ou pula para trás numa reação muscular automática, que você não consegue controlar, e nem precisar pensar sobre "o assunto". É o primitivo em sua maior e melhor *performance*.

Segundos depois, nosso cérebro novo reconhece que é um amigo e não uma fera, um tronco e não uma cobra, apenas um cabo de vassoura, que cai em você enquanto abre uma porta, e não uma ameaça maior. E, desse modo, você se acalma e sorri. Cérebro novo é seletivo, e cérebro primitivo, reativo. Segurança avançada da natureza.

Lembrado dessas características vamos avaliar porque isso pode ajudar você em seus sonhos.

Pelo que eu disse até aqui se torna mais fácil entender que a percepção (primitiva) precede a inteligência racional. Portanto, aumentando a percepção que temos das coisas à nossa volta, acabamos por dar direção para nossa inteligência e a consecução do nosso projeto. E, para isso, EXPERIMENTE SER ESPECÍFICO e observe a vida correndo à sua frente.

Vamos dar um exemplo criando uma "situação" de sonho:

Maravilha! Vou com a minha esposa montar uma empresa para fazermos comidinhas rápidas no estilo *food truck*. Para quem não conhece é um restaurante montado em um carro utilitário de pequeno porte. Tornou-se "moda" em diversas cidades no mundo e hoje, mais que moda, uma febre.

Pois bem! Então você começa a detalhar todo seu sonho, segue todos os passos que escrevi lá atrás, sonho, realidade, metas, obstáculos, facilitadores... e acaba conseguindo, afinal, há um roteiro bem montado. Mas, às vezes não dá certo, tem dificuldades grandes, atrasos..., pelas sabotagens inconscientes que geralmente não temos ideia dos porquês.

152 SONHOS, DESAFIOS E EXPECTATIVAS

Então, vamos incluir o universo e a natureza na jogada?

Bem! Se colocar Deus nos planos, então, você voa. Porém, Deus até ajuda, mas geralmente apenas olha seu trabalho e sorri feliz porque vê que você aprendeu a usar todo seu potencial para a felicidade.

A ideia é trazermos nosso cérebro primitivo para o jogo e "irmos por partes", em outras palavras, sermos específicos, passo a passo.

Você, racionalmente sabe o que é um food truck, para que serve, o que quer com ele... seu inconsciente, não faz ideia. E por "não fazer ideia" não sabe como agir, como dar o primeiro passo, sente-se perdido e com medo.

Posso parar de enrolar e "desembuchar" logo?

- "Senhor cérebro primitivo inconsciente! Meu objetivo é:

- Comprar uma kombi (o utilitário para montar o *food truck*).

Quero que você lembre aqui o que SEMPRE acontece quando você deseja comprar ou trocar de carro. Você escolhe um que te agrada e, como mágica, começa a ver centenas deles em cada lugar por onde você passa.

Eu brinco nas palestras com a história da kombi e sigo assim:

- Você pensa na kombi, passa a desejar a kombi e imediatamente seu cérebro primitivo, medroso, reage desse modo:

- "Esse 'dotor Jacyr' tá viajando, coitado, nunca mais venho em uma palestra dele". Então, você sai do evento e vai até onde está seu carro. Diz para mim que carro estará parado atrás do seu? – Uma kombi! Você olha, ri, gesticula negativamente com a cabeça ("eita" inconsciente sempre em defesa) e sai rapidamente dali. Depois de ter passado por algumas quadras você para no sinaleiro fechado. Não há mais ninguém por perto, até que você nota um carro parando ao lado. Você olha e sem acreditar no que vê, é uma kombi. Amarela, da cor que você havia imaginado antes, enquanto "brincava de acreditar". Um pouco assustado ainda (primitivo) você gira a cabeça um pouco mais para trás e vê no vidro da kombi uma pequena placa: "VENDE-SE".

Você foi específico: kombi. Contou para seu cérebro o que queria, sem os milhares de detalhes de um *food truck*, o que apenas o confundiria. Aumentou assim a percepção e a inteligência. Agora é só comprar a kombi e seguir fazendo o mesmo processo com cada etapa do sonho.

Porque você contou para o cérebro primitivo exatamente o que quer, imediatamente começa a aparecer kombi em todo lugar. Agora o melhor de tudo isso: não é mágica. Tudo o que você precisa JÁ ESTÁ LÁ FORA.

O mundo é por demais rico em oportunidades e você, com a mente aberta, encontrará quem quer te ajudar e os materiais que precisa. Nossa! Você liga a televisão para ver um filme e está lá a propaganda do produto ou serviço que você mais precisa para o momento.

Claro que também a "sorte" aparece para quem está no caminho certo. Falo muito sobre "sorte" em outro momento (próximo capítulo). E, claro (também), sempre faz bem saber que Deus dá uma ajudinha, afinal, tudo o que fazemos é para Ele e feliz, Ele corresponde como o melhor sócio que poderíamos desejar ter. Convide Deus para o seu projeto, Ele sempre aceita.

Mais um detalhe importante da nossa natureza e funcionamento cerebral. Note que seus olhos estão à frente na sua face – somos caçadores, precisamos que eles estejam bem ali. Nosso nariz está logo acima da boca, ambos também à frente para explorar e "sentir" o mundo e permitir ao cérebro "perceber" e analisar o que é bom, evitando e fugindo do que é ruim. Nossos ouvidos foram parar nas laterais da cabeça para que possamos "rastrear sons no ambiente" enquanto olhamos para a frente, assim como a pele permanece sensível ao meio. Todas essas "portas para as frequências das vibrações" vão direcionar a anergia captada (sentida) do mundo para dentro do nosso cérebro a fim de que possamos perceber tudo e analisar nosso possível. O FOCO da nossa inteligência neural superior irá administrar cada "energia" captada. E a sabedoria frontal dará a direção.

Observe que todos os órgãos dos sentidos captam na periferia do corpo e encaminham a energia "para dentro" do cérebro por meio de nervos. Há, portanto, um caminho das vibrações até as áreas neurológicas responsáveis pela visão, fala, olfato, paladar, tato, que farão as leituras delas. E a pergunta que faço a você agora. O que acontece com a energia por onde passa a caminho desses locais de análise e interpretação?

Há uma teoria que, diferente da PERCEPÇÃO, existe no centro do cérebro uma área destinada a SUBCEPÇÃO (um pouco abaixo ou prévia da percepção). Os nervos cerebrais, aqui em foco, os nervos óticos se cruzam acima do chamado quiasma ótico, bem no centro do cérebro. O que acontece ali e, principalmente, o que há nas proximidades?

- Pineal, hipotálamo e diversos núcleos neurológicos de produção hormonal, muitos deles direcionando informações para a hipófise que é uma das principais glândulas do nosso corpo. Não vamos detalhar isso aqui, apenas quero que você saiba que "hormônio" é uma palavra que tem origem no grego e significa "pôr em ação". É a comunicação, ordens do cérebro, para o nosso corpo entrar em ação. Que ordens são essas?

Pensou coisas boas, as ordens são boas. Pensou ruim...

Então, aqui está o motivo neurofisiológico para você desenhar, colocar no papel, precisamente a sua FOTO DO FUTURO (SONHO) REALIZADO e sentir seu sucesso (lembre-se que o destino irá te levar para lugares ainda melhores, mas "desenhe" seu possível agora). Imediatamente, e agora com direção e especificidade, seu cérebro irá comunicar para cada célula do seu corpo o que você mais deseja para seu sonho. E, acredite, elas sabem muito bem o que fazer há milhões de anos.

Um exército biológico a seu favor.

A natureza a seu favor.

Acha pouco?

Deus a seu favor.

Agora é só esperar o tempo Dele.

Capítulo **XIX**

ARMADILHAS DA DISMATURIDADE

Você já se sentiu em alguma situação assim, quer tanto uma coisa que passa a justificar qualquer ponto negativo, mesmo que sejam riscos importantes; não analisa direito os fatos e apenas interpreta tudo do modo que deseja; e procura ansiosamente por informações que "confirmem" você estar certo no que tem vontade (absoluta e infinita)? Defende bravamente a ideia e só se aproxima daqueles que possam pensar do mesmo modo. Ai de quem discorde ou tente mostrar para você "um outro lado".

Todos nós pensamos e agimos desse modo, mesmo com bom nível de maturidade e responsabilidade. E o fazemos porque, mesmo sabedores desse comportamento, acionamos inconscientemente o impulso reativo do desejo, cérebro primitivo. Daí a importância de você assumir o comando da sua vida. Percebeu a reação "imatura" (normal)? Coloque e mantenha ambas as mãos no manche e olhos à frente. Corrija o rumo.

EU QUERO; EU QUERO; EU QUERO! Justificativas! Justificativas! Justificativas! Justificativas! Justificativas! ...

Fazemos isso o tempo todo e precisamos estar bem preparados para tais momentos que SEMPRE surgirão à nossa frente. E, sem pensar melhor, criaremos problemas, faremos despesas desnecessárias, sofreremos abusos de "vendedores" e nos colocaremos algumas vezes até em risco para a própria vida ou a segurança das pessoas que tanto amamos.

Hoje o exemplo mais claro que vejo é que estamos há alguns meses na pandemia viral causada pelo coronavírus – Covid-19. Brigas

156 SONHOS, DESAFIOS E EXPECTATIVAS

exaustivas por tratamentos, vacinas... medo. Bem, medo todo mundo tem. O problema é o que fazemos com ele.

Saiu a vacina! Viva! Notícia maravilhosa. Mas, espere. Uma vacina não se faz com segurança e eficácia em tão pouco tempo, poucos meses. Existem protocolos de controle que levam anos, independente de última tecnologia, porque, afinal, o que é preciso esperar são as eventuais reações em uma população, que podem ser graves. Por isso o desenvolvimento das vacinas acontece em etapas, pouco a pouco e com muito cuidado, respostas *in vitro*, isto é, com reações provocadas e observadas nos laboratórios, depois respostas com animais e, mostrando-se relativamente segura a vacina, iniciam-se as pesquisas em humanos – mas..., no início, pequenos grupos controlados e saudáveis. Passado um tempo razoável (muitos meses) amplia-se para grupos de maior risco, pessoas fragilizadas, crianças... e NUNCA em nenhuma dessas fases a garantia é suficiente até passarem ao menos uns bons anos (4 a 5 talvez) para que a segurança e a eficácia sejam levantadas e definitivamente confirmadas.

E, e..., e pessoas não param de brigar nas mídias sociais, nas famílias e por todo lado, porque, com medo, não conseguem pensar direito (só funciona o inconsciente sem consequência alguma, lobo frontal congelado pelo pavor e agonia). Fogem ou lutam, agora, em desespero atrás da vacina "salvadora". Sim! Esperamos todos que o imunizante dê certo, mas e se não..., e se surgirem efeitos colaterais graves e insolúveis? É como eu exigir de um piloto que decole a aeronave sem nenhuma revisão, apenas porque tenho pressa. E se o avião apresentar defeito?

Acabo de ouvir exatamente agora que irão começar os testes com crianças. Com quais crianças? Testes de que modo?

Ah! EU QUERO; EU QUERO; EU QUERO!

Brigas, acusações, medo..., dismaturidade.

E as justificativas:

- "Vai dar certo"!

- "Mas, 'o cara' garantiu que dará certo!"

- "Mas, são pessoas de confiança"!

- "Veja, os europeus já estão se vacinando"!

- "Mas, se surgir algum problema a gente resolve depois"!

ARMADILHAS DA DISMATURIDADE **157**

Gastos, tempo, riscos...

Na verdade, "eu" não sei desistir.

Ainda mais:

- "Eu não quero desistir".

Por que tantos agem desse modo?

- Formação de uma mentalidade frágil, desde a infância, somada a uma estrutura cerebral predisposta a "problemas".

Mas, vamos sair desse assunto e trazer algo muito importante:

- Conta para mim: "Quando inicia a vida"?

- Existem muitas respostas possíveis. Na fecundação; quando nascemos; muito antes, na intenção dos pais... Contudo, para o que quero aqui, basta uma resposta:

A VIDA COMEÇA QUANDO NOS DAMOS CONTA

Tudo em nossa história acontece de um modo... até "nos darmos conta". Aí passamos a **acreditar** diferente, **compreender** de outro modo, dar novos **significados** ao que até há pouco tinha determinado valor e ganha-se a oportunidade de **fazer novas escolhas**. Tornamo-nos pessoas melhores e essa é a transformação que tanto buscamos para a vida, quando ela passa a acontecer em escala maior, suficiente para começarmos o caminho para o cume da montanha. Sucesso não é de uma hora para outra, mas será preciso abrir a mente.

Se não nos damos conta de alguns fatos, teremos grande risco de fazer más escolhas. Como, por exemplo, baseados em preconceitos.

Há uma história muito utilizada em treinamentos de vendas, sobre uma pessoa que entra em uma concessionária de automóveis sofisticados e caros, importados, objetos de desejo para muitos, conquista para poucos, e o vendedor apenas se levanta, não para atendê-lo, mas para tirá-lo dali o mais rápido possível, porque ele tem um aspecto muito simples, veste roupas maltratadas..., e, para surpresa do vendedor (que perde a venda), era um grande fazendeiro querendo "gastar" um pouquinho da fortuna que havia acumulado na safra daquele ano. Mais uma vitória dele na lavoura. "Quando o vendedor se dá conta", já é tarde.

"A vida começa quando nos damos conta"!

158 SONHOS, DESAFIOS E EXPECTATIVAS

Conto essa história para sempre estarmos atentos ao outro, quer seja uma pessoa ou situação, e sob diversos ângulos. E para nosso crescimento em mentalidade aqui, a pergunta do século:

- "Estamos atentos a nós mesmos"?

Vamos iniciar o "dar-se conta"?

Existem diversos bloqueios inconscientes, isto é, fazemos escolhas e agimos por eles sem saber e, portanto, sem conseguir sequer escolher um caminho melhor. Precisamos detectá-los e agir imediatamente sobre cada um deles. São diferentes maneiras de ver a vida e, se foram construídas, podem muito bem ser modificadas (viva!). Não se preocupe caso se encaixe em algum "tipo" da lista que apresentarei abaixo, preocupe-se caso insista em negar possuir tal característica e perder a oportunidade para mudar e ser feliz. A verdade salva.

1. Aquele que desconhece. Se **desconheço** e nem sei que é preciso ter sonhos, por que vou me preocupar com isso? Não me passa pela cabeça nenhuma necessidade de mudança. Solução? - Quero saber mais da vida. Você quer saber mais sobre a vida?

2. O resignado. Sabe que pode conhecer mais, que pode sonhar, que pode crescer, mas..., **não acredita** que é capaz de conseguir. Portanto, nem sai do lugar, nem se levanta, nem vai atrás, nem quer saber. Solução? - Aceitar que pode conseguir e passa a acreditar, nem que leve algum tempo para isso, nem que precise de mais ajuda. Você quer ajuda?

3. O estúpido. Acha melhor deixar tudo como está. **Desdenha o desejo dos outros** e se possível até "conta histórias terríveis sobre alguém que tenha 'tentado' ser feliz e não conseguiu". Solução? Deixar de ser estúpido e amadurecer. Tenho certeza de que você quer crescer sempre e cada vez mais.

4. Medroso. Aqui o medo a que me refiro não é o medo habitual que todos nós temos. Neste ponto eu trago um medo especial: "**E se eu conseguir**"? Isto é, se der certo como será tudo o que pode acontecer a partir disso? Não me vejo preparado ou terei muitos problemas ou... Muitas desculpas. Solução? - Perca o medo e aprenda que enfrentar é sair do outro lado maior do que entrou. Você merece ser feliz.

5. Arrogante. "Vou arrebentar, vou fazer, ninguém me segura..." Fala, fala, fala e não dá um passo sequer. Não faz nada. **Fala muito**

para dissimular o que no fundo tem certeza de que não conseguirá **e, por isso mesmo, não faz nada**. Solução? - Enfrentar a si mesmo. Vamos juntos?

6. Pessimista. "Isso **não vai dar certo**". Solução? Enxergar que é possível, que merece, que pode ser feliz. Se foi criada essa mentalidade em sua história, pode acreditar, é só ilusão: Vai dar certo. Sempre dá certo, mesmo quando não. Esse é um magnífico aprendizado.

7. Impensado. Este ao menos começa a agir, mas **sem nenhum planejamento**. Quando vê dificuldade, desiste. Não pensa um palmo à frente do nariz. Solução? Aprender a se organizar e a fazer cálculos com responsabilidade e consequências. Vamos pensar mais?

8. Preguiçoso. **Sem energia** nenhuma, apatia é a regra. Precisa fazer alguma coisa? Solução? Durma! Se persistirem os sintomas procure seu médico. Energize-se. E observe se não é só fuga.

9. Pão-duro. "Mas..., **é preciso pagar** alguma coisa"? Solução? Aprenda a dar valor para as coisas. E enfia a mão no bolso logo! Confie, em você.

10. Descrente. **Não acredito**. Solução? Acreditar em si mesmo, no outro, no universo e em Deus. Acredite em sua história. Muitos acreditaram nela. Muitos sonharam com seu sucesso.

FELICIDADE É UMA ESCOLHA!

É aprender a confiar e a investir em si mesmo.

11. Tipo, "Eu vou! Você vem comigo"?

- Ok! Respeito. Se você não quer, não puder ou até mesmo não conseguir, sigo sozinho. Mas, eu vou por mim, por você e por todos nós.

E permaneço torcendo e batalhando até você descobrir por si mesmo:

- "VOCÊ É MUITO ESPECIAL".

- "VOCÊ FOI FEITO PARA DAR CERTO".

Necessita de todos os sentidos apurados, pensamentos adequados para obter como consequência emoções equilibradas. Importa ter fé no que vê, ouve, sente..., com paz, harmonia, amor, segurança e SIGNIFICADO.

Tudo isso envolve movimentos, odores, sabores, cores e atitudes. E a prática na condução de todos os principais valores do Programa:

- ACREDITAR; COMPREENDER; RESSIGNIFICAR e ESCOLHER.

Sua vitória precisa saber que, como diz Louis Pasteur:

- "*A sorte só favorece mentes bem-preparadas*".

Apenas ação, trabalho, consciência, persistência, fé, humanidade, o bem e o amor preparam o solo para que a SORTE apareça.

Você foi feito para dar certo (vou repetir esta frase sempre para você).

O que é bom para você é bom para todos e para o mundo. Você é parte integrante da "Ordem do Amor". Como já afirmei aqui neste livro, "Você é um grande sonho de Deus".

Realização é alcançar todo seu potencial. E todos são capazes desse intento. É preciso vencer restrições internas e externas e o "eu ideal" exige congruência. Sinta-se respeitado por mim, valorizado e amado. O que vou escrever agora será mais bem elaborado e desenvolvido no último tema do Programa: "VOCÊ, CIÊNCIA E ESPIRITUA-LIDADE" e afirma que a felicidade surge finalmente quando alcançamos CONTENTAMENTO.

Existe um mundo lá fora independente da nossa vontade. Estaremos nele por um período pequeno, comparado ao tempo da terra. Iremos todos embora em breve. Mas, se olharmos com atenção, este tempo é bastante longo, o suficiente para aprender muita coisa. E, se quisermos, vamos deixar um grande legado. Maior do que qualquer herança material é capaz de alcançar.

Epílogo

Foram anos dando palestras para jovens em Escolas Públicas e Particulares, Igrejas, Comunidades Terapêuticas, uma inesquecível experiência no Estado com menores em conflito com a lei, enfim, uma imensa vontade de colocar no coração dos jovens um motivo para ativar sonhos e equilibrar vidas. Para mim, por muito respeito a eles neste momento tão importante que é o início do caminho para a vida adulta, pós-puberdade, onde muitos dos nossos investimentos humanos deveriam se concentrar.

Sempre insisto que se oferecêssemos apoio aos sonhos deles, respeito aos sentimentos e, principalmente, ao amor, muitos problemas seriam reduzidos a pó, como baixa autoestima, pouca responsabilidade, reduzida colaboração em casa, brigas familiares, dificuldades escolares, gravidez inoportuna, álcool e drogadição, crime, autoflagelo, suicídio...

"Ofereça um sonho a um jovem, apoio, companhia e um sorriso por um bom tempo e veja se ele perderá dias e noites usando drogas em uma praça de sua cidade". Essa é uma frase que sempre me vem à cabeça. "Jovem precisa se sentir útil, respeitado, amado".

Conheci o brilho nos olhos, os sorrisos, às vezes com algumas lágrimas, os comentários e as muitas perguntas que me faziam sempre que terminavam as palestras.

E esta "palestra" aqui, tema neste livro, sempre foi focada nos jovens (apesar de que sempre disse, jovens de todas as idades). Até que um dia, para minha surpresa, uma querida pastora de uma Igreja Batista me convidou para apresentar "Sonhos, Desafios e Expectativas" para um grupo da terceira idade que ela acompanhava. "Jovens experientes"!

Era junho e a palestra foi marcada para o dia da festa junina deles.

O que será que eu poderia falar a mais para pessoas que já passaram por todas as fases e experiências que procuro motivar aqui? Bem,

161

162 SONHOS, DESAFIOS E EXPECTATIVAS

pensei comigo, sentir-se útil e respeitado são necessidades humanas que devem ser perseguidas até o último dia de vida. Desafio posto, desafio assumido e executado. Contudo, antes de mostrar para você o que agreguei à palestra, permita-me contar como foi o evento.

Minutos antes da apresentação, aquela sala lotada de "jovens na terceira e até quarta idade", a pastora me perguntou quanto tempo levaria. Respondi que cerca de uma hora. Mentira minha, pecado grave naquele ambiente sagrado, porque geralmente a palestra durava 1h40min em média e dependendo da reação da plateia até um pouco mais.

Ela segurou minha mão e pediu um milhão de desculpas, mas que eu compreendesse que eles provavelmente, quando chegasse a trinta minutos, começariam a se levantar e irem para a festa que aguardava a todos. Olhei para o fundo do salão e vi muitas mesas, todas arrumadas e carinhosamente enfeitadas com os motivos da festa junina. Estava lindo. Disse a ela que não se preocupasse, quando levantassem eu encerraria sem nenhum problema. Afinal, se eu não compreendesse nem mereceria estar ali naquele momento. Agradeci, cumprimentei a todos e comecei.

"Você é o resultado de todo planejamento, dedicação e energia que permitiu investir em si mesmo até hoje"; "Você é do tamanho dos teus sonhos"; "...do que acredita"; "...da sua ação"; "...da sua percepção". Sempre que dou esta palestra para jovens e adultos eu reforço estas frases. Para estar aqui hoje com vocês me vi inspirado e motivado a complementar essa sequência com o pensamento que vejo como o mais forte, mais interessante e mais belo: "Você é do tamanho do seu Amor".

Parei para sentir a reação, todos olhavam para mim, pararam de falar e pensei. Pronto! A parte mais difícil superamos, ganhei atenção. Agora vamos até o fim. Agradeci a Deus e segui. Então, vamos ao que criei a mais, graças a este convite, movimento, dificuldade, inspiração:

- O avançar da idade é um grande presente, afinal, somos cada vez "maiores". E, desse modo, temos muito a deixar. Maravilhoso legado. Aqui sou a pessoa mais útil do universo. O poder de sonhar e deixar para as pessoas que amo, e muitos mais, tudo o que aprendi na vida. Afinal, para que valeu tanta força e experiência?

Para uma criança, um jovem, "passear" na companhia de um idoso é como folhear uma Enciclopédia. Idade representa conhecimento e sabedoria. Conhecimento é o que adquirimos na vida, sabedoria é quando aprendemos o que fazer com todo o conhecimento. Maturidade é adquirir capacidade para pensar com maior equilíbrio e, desse modo, aprender a ler e ensinar "a enciclopédia" com calma, paciência e perseverança.

Avós deixam marcas eternas nos netos, um grande legado emocional que os ajudará muito nos diversos caminhos. Lembra-se dos seus avós, das tantas histórias de família, suas próprias histórias com eles? Muita coisa aqui, verdade?

Crianças percebem uma generosidade infinita nos avós. Para os maiores, olhar para os netos é ver a própria vida tomando forma, mais uma vez, a cada dia. Há um pouco de Deus em cada olhar. E se olharmos bem, há muito de Deus ali, em todos nós.

Dizem que avós estragam os netos. Mas, acredite, os netos sabem muito bem as diferenças. Crianças não querem apenas chocolates, bolos e balas, criança quer a companhia dos avós que preparam essas e tantas outras deliciosas "coisinhas", sempre temperadas, adoçadas e carregadas de alegria, ânimo e carinho.

Lembro da minha avó na minha infância. Catando galinha no galinheiro; matando a galinha; depenando a galinha em água fervente (lembro-me do cheiro...!); temperando a galinha; cozinhando a galinha...; e entregando para mim o melhor, o mais cheiroso, mais delicioso pedaço daquela pobre galinha que eu havia conhecido e até conversado com ela bem cedo, pela manhã, naquele maravilhoso e gigante pequeno quintal da casa dos meus avós. Quintal onde eu podia ser Tarzan nas árvores, Batman escondido no porão da casa, cheio de aranhas, e Super-Homem pulando muitos degraus daquela escada que deixava minha avó nervosa com tanto "poder" naquele neto. Nunca faltou galinha para tanta energia.

Eu era super, mas minha avó era mágica, ela transformava aquela galinha em um belíssimo e delicioso prato para o almoço. E, incrível, comiam todos e muito felizes.

Nossos avós são tudo para nós. Protetores a quem Deus confiou parte da nossa guarda, além dos nossos "atarefados" pais.

164 SONHOS, DESAFIOS E EXPECTATIVAS

Lembro-me de receber meu avô que sempre voltava para casa no final de um grande dia, nunca sem um graveto que catou no chão ou uma folhinha de árvore, um papel amassado que carregava invariavelmente um recado de Deus para mim. Nossa! Que importante e poderoso era meu avô, ele conhecia Deus.

Os avós têm o poder de transformar uma caixa de papelão em um lar, mesmo que construída debaixo de uma ponte. Por isso mesmo um lar e não apenas mais uma casa para abrigar da chuva. Um lar que abriga a alma. Os avós sabem disso. Por isso, sempre há amor nessa construção.

Os avós têm o poder de intermediar desentendimentos que às vezes temos com o pai, a mãe e, desse modo, ajudam os netos no caminho da própria autonomia e independência, pouco a pouco, apoio nos contatos com os problemas do mundo.

Os avós são a eternidade garantida na triste finitude dos relacionamentos hoje. São companhia para os netos na frequente luta dos adultos que precisam "correr, correr, correr", necessitam aprender a crescer, a viver e se relacionarem na dor, conhecendo mais do amor, abandonando as terríveis e difíceis certezas.

Para as crianças, avós significam origem e destino, prova viva que chegamos e estamos no lugar certo do universo. Lugar onde marotos desvios de regras são possíveis e seguros. Afinal, a criança sabe, e eu não sei como, mas ela sabe, por menor que ela seja, quais são os desvios. Para mim esses exercícios de "pecados" são embriões de futuras quebras de paradigmas, o que permite no mundo adulto a evolução da humanidade. Como progredir sem questionar e quebrar algumas regras? E isso é muito forte quando se tem a segurança da presença, do olhar e do sorriso permissivo no canto dos lábios dos avós. Viu só! Evolução é em boa parte "culpa" do vovô e da vovó.

Para os maiores, infância é um lugar especial. Cabe ao idoso recordar a dele para ser absolutamente feliz com a maturidade. Entre a infância e a idade avançada moram erros e acertos que constroem o que somos na velhice. Gloriosa velhice, quando aceitamos que fizemos nossa parte, do melhor modo que pudemos, nem mais nem menos. O nosso possível. Melhor ou pior, sempre o nosso possível.

Sentir-se útil é o que nos torna vivos. Poder contar as histórias que não se deve perder, histórias da família, de um passado engraçado, um feito curioso, tristezas e superação. Contos sobre valores, um amor duradouro e a maravilha que é um casal poder encerrar a vida juntos, mesmo sabendo que alguém irá antes.

Falando de solidão, vem à minha mente mitos e mentiras sobre a "longeva-idade": Velhice é restrição, privação, sofrimento... ou seriam apenas limites, cuidados e paz? Velhice são perdas ou, como sempre afirmo, trocas, quando passamos a aceitar com amor e serenidade os fatos da vida. Mas, então chega a torturante depressão, com apatia, desinteresse pelas coisas, desânimo..., no entanto, para mim, apenas porque muitas vezes seguimos lutando para que "as coisas" permaneçam como eram ou como esperávamos que fossem. Frequentemente só estamos tristes por não perceber que não precisamos mais lutar.

É preciso aprender pedir ajuda. E "entregar para Deus".

Minha mãe sempre dizia esta frase "Entrega pra Deus meu filho" quando eu tinha algum problema maior em minha vida. Naqueles momentos não entendia muito bem o que ela queria dizer, mas fez parte forte da minha formação, suficiente para eu ter criado hoje o mantra "Está tudo certo sempre". E, acredite, está tudo certo sempre, apenas muitas vezes não entendemos os porquês e os caminhos que se seguirão a partir dali.

É preciso aprender a dar novos significados para a vida e para "as coisas" da vida, como tolerar a imaturidade e despreparo das pessoas que amamos e que nos amam também, somente, às vezes, elas não sabem ou não conseguem demonstrar; aceitar a naturalidade da vida; é necessário orgulhar-se do caminho possível e aprender a "passar o bastão".

Como numa corrida de bastões onde cada um, ao seu turno, se encarrega de passar o bastão para o outro, sem derrubar e ainda correr do melhor modo possível. Um dia recebemos, um dia precisamos entregar. Entregar o quê? O que melhoramos naquilo que precisamos entregar. Como foi nossa participação nessa corrida da vida?

- O possível, sempre.

Independentemente da jornada, sempre passar com amor, confiança e contentamento, afinal, é um bastão que teve origem em Deus, passou por milhares de pessoas antes e ainda seguirá com outros tantos depois. Hoje está com você, um privilégio sagrado. E como será isso?

166 SONHOS, DESAFIOS E EXPECTATIVAS

"Ok! Já que vocês jovens são tão espertos, peguem logo esse bastão e...", "...quando chegarem à minha idade, maravilhem-se com o que viveram, tentaram, conseguiram, não conseguiram, acertaram, erraram...".

Esse é o verdadeiro legado. Um bastão capaz de conter mensagens maravilhosas com histórias de amor e muito significado.

Lembro-me neste momento da história de um avô que levou o neto para pescar. Na manhã seguinte iniciaria a temporada de pesca, permitida para aquela região de lagos. Foram para lá apenas os dois, para acampar, fazer fogueira, contar histórias ao luar e esperar pela manhã de pesca. Oba!

Logo que chegaram, enquanto o avô preparava com cuidado o ambiente, o menino aproximou-se da água com uma vara e, mesmo sem isca, lançou o anzol no lago. Para surpresa dele, o anzol "engatou em algo" que ele puxou imediatamente para fora d'água. Era um lindo e enorme peixe, como aquele "projeto de gente grande" nunca havia visto. Ouvindo aquela alegria, o avô veio até a beira do lago, aproximou-se do menino e, vendo o garoto exultante com a conquista, disse: "Parabéns filho! Belo peixe. Um excelente sinal antecipado do que viveremos amanhã". Aquietou-se por alguns segundos, até para contemplar aquela cena da felicidade radiante do neto, e continuou: - "Mas, agora agradeça e devolva o peixe para o lago". O menino imediatamente franziu a testa e perguntou o avô: "Mas, mas... por quê? Um peixe como esse dificilmente encontrarei de novo"! O avô apontou o dedo para a placa e mostrou ao neto: "A Temporada inicia às 8h00". Então disse: "Amanhã, filho, amanhã". Nem olhou para trás e retornou ao que estava fazendo. Ouviu de longe a criança agradecer e devolver o peixe ao lago.

Caráter. Uma construção realizada dia após dia (pesca após pesca), e Deus confiou aos pais e aos avós essa formação. É preciso ter para dar. E esta é a melhor herança. Daí a importância das "casas com caixas de papelão". Por essa construção é que também a vida é o que acontece hoje, em cada passada da corrida enquanto carregamos o bastão. E nossos filhos e netos olham durante todo o caminho. Olham para aprender a correr. E nós torceremos por eles, para que corram melhor que a gente. Somos o resultado de uma sequência de "aqui e agora". Um idoso apenas chegou antes, e pode passar a ser exemplo de força e humildade.

EPÍLOGO **167**

Importa também ensinar de maneira simples a diferença entre moral e ética. Afinal, moral é o que Deus espera de nós e ética é o que eu respeito e faço para refletir aos outros, também agradando a mim mesmo e a Deus. Lei é o que inventamos apenas para que a imaturidade humana consiga "conviver" a cada dia, com a moral e com a ética.

Farei o que deve ser feito, mesmo que ninguém esteja olhando, e até Deus esteja "distraído". Afinal, "estou vendo (quase tudo)".

Ser idoso é poder olhar para trás e dizer "obrigado Deus por ter estado comigo por todo o caminho"; "perdoe-me pelos momentos que não percebi, que me afastei, que me iludi"; "sei que sou falho e por isso mesmo o Senhor esteve sempre comigo, ao meu lado, em meu coração. Até mesmo quando errei, feri alguém e me feri.

Hoje a minha felicidade é poder sentir a existência viva em todo o meu corpo, saber que sou cuidado e que a vida é como ela é, com infinitas oportunidades de crescimento. Oportunidades essas que acabamos conhecendo como "problemas". Esses nos fazem crescer, quando nos colocamos abertos para compreendê-los, enfrentá-los e superá-los.

Ser idoso é poder olhar para trás e dizer aos filhos e netos "eu também me enganei"; "Agora eu sei que a falta de atenção da minha família para comigo é porque estão todos lutando com as mesmas ilusões que um dia eu vivi"; "Que me amam muito sim, contudo, muitas vezes não aprenderam ainda a conviver e compartilhar desse amor"; "Tudo é muito novo para eles e apenas aprenderão, ao longo da vida, quão maravilhoso e barato pode ser um passeio descalço em uma grama macia"; "Para mim, resta olhar com amor esses caminhos dos jovens, na certeza que um dia estaremos juntos..., mesmo que não"; "A vida pode ser loucamente divertida e eu mereço ser feliz, integrado na sociedade, vivo, em paz e contente com todos os sonhos que ainda vivem em mim".

E para terminar, permita-me repetir: "Você é do tamanho do seu Amor". E que todo o Universo caiba hoje em todos nós.

Desse modo, encerrei a palestra naquela tarde, quase noite, de "festa junina". 1h54min de duração e nenhum "velhinho" se levantou. A face deles brilhava enquanto eu ainda falava e via alguns balançando a cabeça, concordando, sorrindo e batendo com os pés no chão... As mesas cheias de paçocas e cocadinhas, todas ainda intactas no fundo da sala. A pastora aproximou-se de mim e disse "inacreditável", ao que eu respondi, é exatamente isso, decididamente precisamos acreditar nos "jovens de todas as idades".

FIM!

Muito obrigado a você e por seus sonhos pela vida!

José Jacyr Leal Jr.

BIBLIOGRAFIA

O Pai Minuto – Spencer Johnson, M.D.

Quem Mexeu no meu Queijo – Spencer Johnson, M.D.

O Monge e o Executivo – James C. Hunter

Virando a Própria Mesa – Ricardo Semler

Como Apresentar Ideias em 30 Segundos Ou Menos – Milo Frank

O Livro Negro do Networking – Jeffrey Gitoner

Marketing Silencioso – Luiz Roberto Carnier

O Melhor Profissional de Networking do Mundo – John Milton Fogg

O Básico – Don Failla

Menos Pode Ser Mais – Dalmir Sant'Anna

Não Faça, Mande Fazer – James M. Jenks e John M. Kelly

Negócio Fechado – Raúl Candeloro

Ética Empresarial – Robert Henry Srour

O Homem Mais Rico da Babilônia – George S. Clason

O Maior Vendedor do Mundo – OG Mandino

O Maior Vendedor do Mundo 2ª Parte – OG Mandino

O Maior Milagre do Mundo – OG Mandino

Treinando Líderes – Layr Malta

Multiplicando Bem-Estar – Sérgio Buaiz

O Homem A Administração e A Sociedade – Peter F. Drucker

Fé e Finanças no Reino de Deus – Loren Cunningham

Água Mole em Pedra Dura – Clóvis Tavares

Plano de Negócios – Pavani, Deutscher e Santiago Maya López

Caminhos e Escolhas – Abílio Diniz

Sonho Grande – Cristiane Correa

Gestão de Serviços e Relacionamentos – Carlos Walter Aumond

O Capital no Século XXI – Thomas Piketty

Socorro Tenho Medo de Vencer – Luiz A. Mariss Filho

Pessoas de Resultado – Luiz Fernando Garcia

Quem Mexeu no Meu Dinheiro – Robert T. Kiyosaki

170 SONHOS, DESAFIOS E EXPECTATIVAS

A Energia do Dinheiro – Glória Maria Garcia Pereira

Casais Inteligentes Enriquecem Juntos – Gustavo Cerbasi

Filhos Inteligentes Enriquecem Sozinhos – Gustavo Cerbasi

Você Tem Mais Dinheiro Que Imagina – Mara Luquet/Andrea Assef

Você é do Tamanho dos Seus Sonhos – César Souza

Além do Topo – Zig Ziglar

O Líder 360° – John C. Maxwell

O 8º Hábito ´Stephen R. Covey

Você Pode – Paul Hanna

Como se Tornar Um Líder Servidor – James C. Hunter

Pense e Enriqueça – Napoleon Hill

A Vida é Um Combate Sucesso é Dor – Rogério Caldas

Transformando Suor em Ouro – Bernardinho

A Boa Sorte – Philip Kotler

Dinheiro, Os Segredos de Quem Tem – Gustavo P. Cerbasi

Planejando Seu Futuro Marketing Pessoal – Assad Frangieh

Como Lidar com Reuniões – Tim Hindle

Como Administrar Melhor Seu Dinheiro – Mauro Halfeld

A Arte do Começo – Guy Kawasaki

O Poder de Servir aos Outros – Gary Morsch e Dean Nelson

Ética, Crime e Loucura – Valeria Forti

Competências Emocionais – Monica Simionato

Falar Para Liderar – Heródoto Barbeiro

Breve Currículo

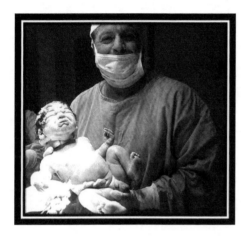

Todos os dias vejo nascer um "Ser Humano". Com o nosso apoio, será um cidadão Extraordinário!

ATIVIDADES SOCIOPARTICIPATIVAS:
Associação Médica do Paraná – AMP.
Delegado da Associação Médica Brasileira.
Federação Brasileira de Ginecologia e Obstetrícia – FEBRASGO.
Sociedade Paranaense de Ginecologia e Obstetrícia do Paraná – SOGIPA.
Médico do Corpo Clínico Hospital Santa Cruz e Hospital Santa Brígida.

PÓS-GRADUAÇÃO (além das especialidades médicas).
- Psicomotricidade Relacional – CIAR.
- Nutrologia – ABRAN.

CURSOS:
- Obstetrícia em Gestação de Alto Risco Hospital La Fé – Valência Espanha.

172 SONHOS, DESAFIOS E EXPECTATIVAS

- Terapia Familiar Sistêmica – CTI.

- Neurolinguística – OTP.

- Emotologia – CC.

- Qualidade de Vida – PUC-PR.

- Medicina da Longevidade – GLS.

José Jacyr Leal Junior

Av. Silva Jardim, Nº 2042, Conj. 505 – Água Verde – Curitiba/PR – Brasil

Tel. (41) 3342-7632 / 99972-1508

caf@jacyrleal.com.br – www.jacyrleal.com.br

SUPERCONSCIÊNCIA/FAMÍLIA DO FUTURO